reinhardt

Anna Freud

Einführung in die Technik der Kinderanalyse

Mit einem Geleitwort von
Michael Schulte-Markwort und Franz Resch

Mit einem biografischen Essay
und einem Vorwort von Gerd Biermann

9. Auflage

Ernst Reinhardt Verlag München

Anna Freud (1895–1982), die jüngste Tochter Sigmund Freuds, Lehrerin und Mitarbeiterin ihres Vaters, gilt als eine der Begründerinnen der Kinderanalyse.

Umschlagfoto: Gerd Biermann, München

Bibliografische Information der Deutschen Nationalbibliothek

Die Deutsche Nationalbibliothek verzeichnet diese Publikation in der Deutschen Nationalbibliografie; detaillierte bibliografische Daten sind im Internet über <*http://dnb.d-nb.de*> abrufbar.
ISBN 978-3-497-02870-2
9. Auflage

Printed in EU
Reihenkonzeption Umschlag: Oliver Linke, Hohenschäftlarn
Satz: Arnold & Domnick, Leipzig

Ernst Reinhardt Verlag, Kemnatenstr. 46, D-80639 München
Net: *www.reinhardt-verlag.de* E-Mail: *info@reinhardt-verlag.de*

Inhalt

Geleitwort

Die grundlegende Arbeit von Anna Freud zur „Einführung in die Technik der Kinderanalyse“ aus dem Jahr 1927 im Jahr 2009 zu würdigen, könnte leicht sein – beließe man es bei einer historischen Stellenwertbestimmung. Unbestritten hat Anna Freud mit ihrer Arbeit den Blick auf das Seelenleben von Kindern, auf die psychische Entwicklung und die Funktionsweise der kindlichen Psyche verändert, revolutioniert. Sie hat darüber hinaus die Psychoanalyse für die Arbeit mit Kindern erschlossen, Techniken verändert und nicht zuletzt die Pädagogik in eine konstruktive Verbindung mit der Psychoanalyse gebracht. Ohne Zweifel ist Anna Freud nicht nur weltweit bedeutsame Begründerin der Kinderanalyse und Wegbereiterin eines neuen Blickes auf Kinder, der weder Kinder als kleine Erwachsene noch als defizitäre Wesen auf dem Weg zu erwachsener Vollkommenheit betrachtet, sondern mit ihrer Arbeit in den Hampstead Nurseries auch eine Wegbereiterin der Psychotraumatologie des Kindes- und Jugendalters, die es verstanden hat, die „infantile Neurose“ von der Traumatisierung abzugrenzen. Sekundäre Traumatisierungen im Rahmen von psychotherapeutischen und psychoanalytischen Behandlungen, die das exogene Trauma übersehen haben oder in seiner Bedeutung grundsätzlich unterschätzten, konnten seitdem der Vergangenheit angehören.

Ihre Wertschätzung, ihr Respekt und ihre Solidarität dem Leiden von Kindern gegenüber hat – in der Folge mit vielen anderen – den Blick auf die kindliche Welt zu Beginn des 20. Jahrhunderts dramatisch verändert. Der Zugang der Pädagogik zur Psychoanalyse und zur kindlichen Psyche hat sich bis heute als eigenständiger Bereich erhalten und die Technik der Spieltherapie ist ein schon lange nicht mehr wegzudenkender Bestandteil nahezu jeder Psychotherapie mit Kindern (und Jugendlichen).

Aber damit allein wird man Anna Freud nicht gerecht. Hat sie uns nicht auch aktuell etwas zu sagen? Wie ist ihre gegenwärtige Bedeutung zu ermessen? Möchte man die Arbeiten von Anna Freud in die Landschaft empirisch begründeter psychotherapeutischer Arbeiten und Erkenntnisse vor dem Hintergrund aktueller genetischer und hirnphysiologischer Befunde einordnen, wird eine Würdigung von Anna Freud zwangsläufig differenzierter.

Eine Neuauflage ihrer Schrift, die erstmals 1966 im Ernst Reinhardt Verlag in deutscher Ausgabe erschien, ist unbedingt zu begrüßen, damit jeder, der sich mit Psychotherapie im Kindes- und Jugendalter beschäftigt, die Möglichkeit hat, sich mit den Wurzeln psychoanalytischen Denkens und Handelns zu beschäftigen. Anders als Gerd Biermann in seinem Geleitwort zur Sonderausgabe anlässlich Anna Freuds 100. Geburtstag geht es uns in unserem Vorwort allerdings darum, diese Arbeit von Anna Freud in einen aktuellen Kontext zu stellen.

Anna Freud geht in ihrer Arbeit von verschiedenen Grundannahmen aus. Diese betreffen zum einen das Kind und seine Entwicklung und zum anderen Veränderungen der klassischen psychoanalytischen Technik, wie sie aus der Analyse erwachsener Patienten durch Sigmund Freud entwickelt worden waren. Diese Abgrenzung von der „reinen Analyse“ (S. 38) beschäftigt Anna Freud in ihrer Arbeit immer wieder. Bemerkenswert daran ist, dass sie offensichtlich den Eindruck hat, Abkehrungen von der Lehre ihres Vaters besonders begründen oder auch bedauern zu müssen. Weiterhin ist daran wichtig, dass Anna Freud ihren Patienten mit einer kompletten Theorie und Technik aus der Behandlung Erwachsener begegnet ist, was bestimmte Implikationen nach sich zieht. Eine davon beschreibt das kindliche Wesen als ein „unreifes und unselbständiges“ (S. 39). Ohne die Schutzwürdigkeit von Kindern zu schmälern, würden wir heute einer Abwertung des Kindes an Maßstäben des Erwachsenseins vehement widersprechen, weil jedes altersentsprechend entwickelte Kind von Geburt an als entwicklungsgemäß „reif“ zu bezeichnen ist und nicht eine unreife, unfertige Vorform des Erwachsenen darstellt. Eine adultomorphe Betrachtung des kindlichen Seelenlebens bemisst Kinder an den Anpassungsmöglichkeiten des Erwachsenen als zu unstrukturiert, wenig differenziert und nicht situationsangemessen. Normalen Entwicklungsphänomenen wird damit der Charakter potentieller Dysfunktionalität zugeschrieben. Kinder sind in jeder Entwicklungsstufe altersgerecht gut strukturiert und psychisch angemessen ausgestattet! Allerdings sollten wir zugestehen, dass dieser Paradigmenwechsel einer der jüngsten Zeit ist und einhergeht mit der Entwicklung der Operationalisierung Psychodynamischer Diagnostik im Kindes- und Jugendalter – OPD-KJ (Resch et al. 1998), die bei dem Versuch, ein diagnostisches Instrument für erwachsene Patienten umzudeklinieren, auf die Frage stieß, ob Kinder per se auf der Achse der psychischen Struktur als unreif zu bezeichnen sind. Wir verneinen dies heute in dem Verständnis, dass jede menschliche psychische Struktur immer mit Blick auf eine Alters- und / oder Entwicklungsadäquatheit zu beschreiben und einzuordnen ist. Dysfunktionalität entsteht aus Abweichungen und Mangelzuständen im Bezug auf diese entwicklungsbedingten Ressourcen.

Eine andere Vorannahme Anna Freuds bezieht sich auf die Frage des Einverständnisses des Kindes in die Behandlung, wobei sie davon ausgeht, dass das Kind nicht um sein Einverständnis gefragt wird (S. 40). Auch wenn man eine intensive Debatte darüber führen kann, ab welchem Entwicklungsstand Kinder in der Lage sind, ihr Einverständnis zu medizinischen und / oder psychotherapeutischen Behandlungen zu geben, geht die Diskussion um den informed consent auch unter Juristen eindeutig in die Richtung, dass ein Einbezug von Kindern jeweils nach maximal auszulotenden Bedingungen zu erfolgen hat. Ähnliches gilt für die Annahme, Kindern fehle der „Wille zur Heilung“ (S. 40). Sowohl die Forschungen zu Coping und Abwehrmechanismen (Compas et al. 2001; Perry et al. 1998) als auch die Forschung zu Krankheitskonzepten und Veränderungsmotivation von Kindern und Jugendlichen hat gezeigt, dass der kindliche Wille und die kindliche Vorstellung von Behandlung und Heilung nicht unbedingt konform gehen muss mit dem, was Eltern und Behandler sich vorstellen. Bei ausreichendem Einbezug dieser Aspekte insbesondere zu Beginn der Behandlung entstehen in der Regel konstruktive Auseinandersetzungen des Patienten mit sich selbst, die dann in eine Behandlung auf Gegenseitigkeit münden können. Diese „Dressur zur Analyse“ (S. 40), wie Anna Freud es nennt, ist ein zentraler Baustein auf dem Weg der Behandlung – Anna Freud würde wahrscheinlich sagen: in die Behandlung – und sie zeigt mit eindrucksvollen Fallbeispielen, mit welchem Aufwand und mit welcher Mühe sie das Kind für sich zu gewinnen versucht. An diesen Stellen wird ihre ungeheure Solidarität mit dem Leiden des Kindes deutlich, das dann auch regelhaft von ihren Patienten mit einem Behandlungsauftrag belohnt wird. Dabei scheut Anna Freud sich nicht, sich auch auf ungeraden „Wegen“ (S. 43) in das Vertrauen des Kindes „einzuschleichen“.

Ein zentraler Unterschied zwischen Erwachsenenanalyse und Kinderanalyse ist der Umgang mit Abstinenz. Auch wenn sich dieser Begriff seit Sigmund Freud deutlich verändert hat und es sich nicht nur um bloße „vornehme Zurückhaltung“ (S. 49) handelt, wie Anna Freud es bezeichnet, geht es im Kontakt mit Kindern natürlich immer wieder um mindestens zwei Dinge: Wunscherfüllung durch konkrete Beantwortung spezifischer Bedürfnisse auf der einen Seite und andererseits das Vor- und Ausleben sowie die Ansage pädagogischer Prinzipien, die dem Kind Verhaltensweisen zur Bewältigung seines Leidens vorgeben. Ein weiterer Unterschied zwischen erwachsenen Patienten und Kindern bezieht sich auf die Krankengeschichte, die bei Kindern notwendigerweise auch von den Eltern oder anderen relevanten Erwachsenen ergänzend eingeholt werden muss. Was wir heute auch als

Instrumentarium zur Beziehungsdiagnostik verwenden, musste vor knapp 100 Jahren besonders begründet werden.

Bei den Traumdeutungen ist der Therapeut bei Kindern darauf angewiesen, sich ein Verständnis ohne die in der Erwachsenenanalyse üblichen Assoziationen des Patienten zu erschließen. Hier fügt Anna Freud noch als zusätzliches Hilfsmittel das Zeichnen ein, ein Instrument, das von Winnicott (1965) mit der Technik des „Squiggelns" als eigenständige Methode weiter entwickelt wurde (Günter 2003).

Da Anna Freud sich als Kinderanalytikerin ihren Patienten gegenüber als ein reales Objekt präsentiert, das sich viel Mühe gibt, eine „positive Bindung", ein „wirkliches Abhängigkeitsverhältnis" (S. 64) zu schaffen, ist eine analytische Arbeit an der Übertragungsneurose, wie es aus der Arbeit mit Erwachsenen bekannt ist, nicht möglich. Das Kind lebt, anders als der Erwachsene, in realen Liebebeziehungen zu seinen Eltern, die es nicht aufgeben kann (und soll). Hier fügt Anna Freud das Spiel als zentrale Technik ein, in der der Analytiker „alles andere eher sein" darf „als ein Schatten" (S. 68). Auch wenn heute niemand so weit gehen würde, einen kindlichen Patienten bei seinem allabendlichen Bad (S. 65) zu Hause zu besuchen, ist doch aus diesen handfesten, konkreten Verhaltensweisen von Anna Freud abzuleiten, wie wichtig ein ausgewogenes Verhältnis zwischen Zurückhaltung und Aktivität in der Arbeit mit Kindern und Jugendlichen ist – unberührt der notwendigen und unantastbaren Abstinenz (Resch et al. 2009).

Wenn Anna Freud fordert, dass „es dem Analytiker gelingen" muss, „sich für die Dauer der Analyse an die Stelle des Ichideals beim Kinde zu setzen" (S. 78), so führt sie damit implizit eine pädagogische Haltung des Kinderanalytikers ein, der im Rahmen einer idealisierenden Übertragung – wie wir es heute nennen würden – den „höchsten Platz in seinem (des Kindes) Gefühlsleben" einnehmen sollte. Dies ist in dieser Form als Forderung – wichtigste Bezugsperson über die Eltern hinaus werden zu sollen – eine gewagte Grenzüberschreitung, die wir heute nicht einnehmen würden (Schulte-Markwort/Resch 2008), Anna Freud gemahnt uns mit dieser Beschreibung jedoch der ungeheuren Verantwortung, die wir automatisch übernehmen, wenn ein Kind einen emotional getragenen Behandlungsvertrag mit uns eingeht. Natürlich sind idealisierende Übertragungsphänomene dabei nie auszuschließen – und sicher auch das eine oder andere Mal hilfreich – sie aktiv zu induzieren, wäre oft kontraproduktiv und würde auch das eigentliche Ziel der (Wieder-) Herstellung einer gelungenen liebevollen Beziehung zwischen Eltern und Kindern unterminieren.

Eine Kinderanalyse sollte heute nicht mehr im Detail buchstabengetreu so durchgeführt werden, wie Anna Freud uns dies vorführt und empfiehlt – das wäre geradezu anachronistisch. Unabhängig von den zur Anwendung kommenden Techniken der Psychotherapie ist es aber unabdingbar, sich im therapeutischen Alltag der eigenen Haltung – im Grundsatz wie in jedem Einzelfall – Rechenschaft abzulegen. Das Gegenwärtige im Beziehungskontext und die Selbstreflexion sind in der Therapie die wichtigsten Ausgangspunkte. Die Vergangenheit dient dem Verständnis für die Therapie auch, indem der Therapeut seine Deutungen in Haltungen umsetzt und damit die Interaktionen mit dem Kind aus alltäglichen Eskalationsschleifen herauszuführen vermag. Anna Freud macht dies auf eindrucksvolle Weise vor und zeigt uns, welche Verzerrungen entstehen können, wenn man versucht, aus der Theorie und Praxis von Erwachsenenbehandlungen voreilige Rückschlüsse und Rück-Schritte in die Welt der kindlichen Psyche vorzunehmen. Auch wenn die Sprache wesentliches Medium der psychotherapeutischen Interventionen bleibt, geht es doch ebenso um die nonverbalen Erfahrungen der Kinder im Beziehungskontext. Emotionale Neuerfahrungen helfen, den mentalen Raum aufzubauen. Genuin an der kindlichen Entwicklung orientierte Theorien lassen sich durchaus zu Techniken modifizieren, die auch bei Erwachsenen sinnvoll und hilfreich sind, wie Peter Fonagy mit der Mentalisierungstechnik (Fonagy et al. 2006) gezeigt hat. Anna Freud kommt das Verdienst zu, auch hierfür in der inzwischen langen Tradition der Kinderanalyse die Grundsteine gelegt zu haben.

Hamburg und Heidelberg, Oktober 2009

Michael Schulte-Markwort
Ordinarius für Kinder- und Jugendpsychosomatik der Universität Hamburg, Ärztlicher Direktor der Poliklinik für Kinder- und Jugendpsychosomatik am Universitätsklinikum Hamburg-Eppendorf

Franz Resch
Ordinarius für Kinder- und Jugendpsychiatrie der Universität Heidelberg, Leiter der Klinik für Kinder- und Jugendpsychiatrie des Psychosozialen Zentrums im Klinikum Heidelberg

Literatur

Compas, B. E., Connor-Smith, J. K., Saltzman, H., Thomsen, A. H. & Wadsworth, M. E. (2001). Coping with stress during childhood and adolescence: problems, progress, and potential in theory and research. *Psychol Bull, 127* (1), 87–127.

Fonagy, P., Gergely, G., Jurist, E. L. & Target, M. (2006). *Affektregulierung, Mentalisierung und die Entwicklung des Selbst.* Stuttgart: Klett-Cotta.

Günter, M. (2003). *Psychotherapeutische Erstinterviews mit Kindern. Winnicotts Squiggletechnik in der Praxis.* Stuttgart: Klett-Cotta.

Perry, B. D., Pollard, R. A., Blakley, T. L., Baker, W. L. & Vigilante, D. (1998). Kindheitstrauma, Neurobiologie der Anpassung und „gebrauchsabhängige" Entwicklung des Gehirns: Wie „Zustände" zu „Eigenschaften" werden. *Analytische Kinder- und Jugendlichen-Psychotherapie, 99*, 277–307.

Resch, F., Lehmkuhl, G. & Schulte-Markwort, M. (2009). Psychotherapie bei Kindern und Jugendlichen. In P. L. Janssen, P. Joraschky & W. Tress (Hrsg.), *Leitfaden Psychosomatische Medizin und Psychotherapie* (Bd. 2. Auflage, S. 625–632). Köln: Deutscher Ärzte-Verlag

Resch, F., Schulte-Markwort, M. & Bürgin, D. (1998). Operationalisierte psychodynamische Diagnostik im Kinder- und Jugendalter. Praxis der Kinderpsychologie und Kinderpsychiatrie, 6, 373–386.

Schulte-Markwort, E. & Resch, F. (Hrsg.) (2008). *Methoden der Kinder- und Jugendlichenpsychotherapie.* Weinheim: Beltz.

Winnicott, D. W. (1965). *The family and individual development.* New York: Basic Books.

Aus dem Leben der Anna Freud

Es jährt sich am 5. Dezember 1995 zum hundertsten Mal der Geburtstag von Anna Freud, der jüngsten Tochter des Schöpfers der Psychoanalyse. Sie hatte ein Leben lang das Erbe ihres Vaters bewahrt und als beste Hinterlassenschaft die von ihr entwickelte Kinderanalyse zur Hilfe für seelisch gestörte Kinder in die Emigration gerettet. „Wege und Irrwege in der Kinderentwicklung" nannte sie selbstkritisch später ihren Versuch, für die psychischen Fehlentwicklungen von Kindern Grund und Ursachen zu ermitteln und Wege ihrer Behandlung aufzuzeigen. Sie wies dabei analog der These S. Freuds vom Traum als Weg zum Unbewußten des Erwachsenen auf das Spiel des Kindes hin, das als via regia zu seiner inneren Welt führt.

Wenn je das Wort von Zeugen des Jahrhunderts berechtigt ist, gilt dies für einen Menschen wie Anna Freud und ihr jüdisches Schicksal, allein mit der Tatsache, daß alle drei Schwestern, die Tanten Annas, die Freud bei seiner Rettung vor dem Gewaltregime der Nazis 1938 in Wien zurücklassen mußte, der verbrecherischen Endlösung im Holocaust zum Opfer fielen. Man kann lediglich auf Grund gewisser Hinweise annehmen, daß auch sie in den Vernichtungslagern im Osten umgebracht wurden. Der sterbenskranke Sigmund Freud konnte sie nicht mehr davor bewahren, während Anna Freud ihr ganzes weiteres Leben diese Last der Erinnerung mit sich trug. Hatte doch eine von ihnen den gleichen Vornamen getragen und blieb ihr dadurch in besonderem Maße verbunden.

Als jüngstes der sechs Freud'schen Kinder war Anna in ihrem bis zuletzt beständigen Wohnsitz in der Berggasse 19 im IX. Wiener Bezirk geboren. In der patriarchalen Gesellschaft der k. und k. Donaumonarchie des ausgehenden 19. Jahrhunderts kümmerte sich ein Vater nur selten um die Erlebniswelt seiner Kinder, auch wenn er in Gedanken oft bei ihnen weihe. So oblag Pflege und Erziehung der sechs Kinder Freuds, die in regelmäßiger Abfolge zur Welt gekommen waren, der verläßlichen Obhut der Mutter, wovon wenig Aufhebens gemacht wurde. Das neue Vaterbild, von dem in unseren Tagen berichtet wird, daß nämlich junge Väter ihr Baby windeln und füttern und auch einmal spazierenfahren, paßte nicht in das gesellschaftliche Bild einer großbürgerlichen Familie jener Zeit und war auch für Freud ein ihm fremdes Wohlverhalten. Er blieb arbeitsam seiner neu entdeckten Wissenschaft der Psychoanalyse hingegeben und sah die Kinder nur am gemeinsamen Mittagstisch, bei dem nicht unbedingt über die Kinder gesprochen wurde, wenn sie nur brav waren.

Vater Freud hatte ein festgefügtes Bild von der psychischen Entwicklung der Kinder. Als er seine erste Arbeit über die Sexualität des Kindes 1905 veröffentlichte und den Begriff einer Latenzzeit der kindlichen Entwicklung prägte, war Anna neun Jahre alt.

Da Freud niemals selber Kinder psychotherapeutisch behandelt hatte, entwickelte er seine Vorstellungen von der kindlichen Entwicklung – vom täglichen Miterleben des Umgangs der eigenen Kinder abgesehen – lediglich retrospektiv aus der Erfahrungswelt seiner erwachsenen Patienten. Die Tagebücher Wiener Psychologen über die frühe Entwicklung ihrer eigenen Kinder (William Stern u. a.) waren noch nicht bekannt. Es mußten noch Jahrzehnte vergehen, bis sich nach Freuds ersten tiefenpsychologisch orientierten Entdeckungen seine Mitarbeiter und Schüler in Direktbeobachtungen und Behandlungen Kindern auch im jüngeren Alter zuwandten. Hermine Hugh-Hellmuth und Oskar Pfister waren Pioniere auf diesem Gebiet, deren Mitteilungen Freud aufmerksam und zustimmend registrierte. Erst Mitte der zwanziger Jahre sprach der Psychoanalytiker Otto Rank vom Trauma der Geburt, und seine neuartigen Vorstellungen über die psychische Frühentwicklung des Kindes stießen auf erhebliche Widerstände, so daß sie erst ein halbes Jahrhundert später als prae- und perinatale Psychologie neu entdeckt und bestätigt wurden.

So wuchs das Annerl, von dem man nicht sicher weiß, ob es wirklich noch erwünscht, dann aber sogleich angenommen wurde, als sechstes und letztes Kind in der Großfamilie Freud auf, geliebt und verwöhnt von allen. Dennoch blieb ihre Vorgängerin, die etwas ältere, kränkliche Sophie, die Lieblingstochter Sigmund Freuds, sein „Sonntagskind". Mit ihrem munteren, fröhlichen Wesen wußte die kleine Anna, die mit der Schwester Sophie das Zimmer und auch ihre Geheimnisse teilte, sich wohl zu behaupten und durchzusetzen. Der Kindergarten spielte sich damals in der großen Familienwohnung der Berggasse ab. Danach war sie beim Besuch der Grundschule als eine fleißige Schülerin unter den Besten ihrer Klasse.

Indem die Wohnung der Familie wie auch die Praxis des Vaters im selben Haus in der Berggasse gelegen waren, nahmen die Kinder auch am Alltagsleben ihres Vaters teil. In diesem Haus fanden ebenfalls seit 1902 die Mittwochsgesellschaften statt, die wenige Jahre später zu einer festen Einrichtung wurden. In ihr fanden sich Anhänger Freuds zusammen, die Vorträge zu Problemen der neuen Wissenschaft der Psychoanalyse hielten und darüber diskutierten. Sie wurden regelmäßig protokolliert, eine Aufgabe, die später auch Anna übernahm.

Erst nach dem 2. Weltkrieg erfolgte ihre Veröffentlichung, 1976 durch Ernst Federn in deutscher Sprache. Die Protokolle vermitteln ein lebendiges Bild über die Frühzeit der Entwicklung der Psychoanalytischen Gesellschaft in Wien. Auf diesem Wege lernte Anna zahlreiche Psychoanalytiker kennen, von denen manche sie auf ihren weiteren Lebenswegen bis in die Emigration nach London begleiteten.

In einem Haus, in dem Patienten täglich ein- und ausgingen, wurden sie auch von den heranwachsenden Töchtern wahrgenommen und in ihren Schicksalen miterlebt. Freud hatte damals seine ersten grundlegenden Arbeiten über die Hysterie junger Frauen geschrieben. So wurde das Tor zu einer Welt von neuen Erkenntnissen aufgestoßen, woran der Kreis der Familie lebhaften Anteil nahm. Wenn auch nicht anzunehmen ist, daß Anna Freud ihrem Wesen nach jenen pubertierenden Töchtern von Analytikerinnen glich, die sich unter der Couch der Mutter versteckten, um im Neugierverhalten mehr vom Seelenleben weiblicher Wesen zu erfahren, wird sie doch als intelligentes, auf diesem Gebiet frühreifes Mädchen, zudem in der kinderreichen Familie, in Grenzen des Üblichen eine altersgemäße sexuelle Aufklärung, zumal durch die älteren Schwestern, erfahren haben.

In ihrer Ausbildung zur Lehrerin hatte Anna genug Gelegenheiten, die Nöte und Sorgen von Müttern um ihre Kinder in den einfachen Lebensverhältnissen proletarischer Familien kennenzulernen. Hier wurde der Grundstein für eine „Psychoanalytische Pädagogik" gelegt, in der all das nachgeholt wurde, was in der ersten Phase der Psychoanalyse versäumt worden war, wenn man sich lediglich auf seine erwachsenen Patienten konzentrierte und nur retrospektiv für die Kindheit interessierte, ohne jedoch ihre Bedeutung zu verkennen.

Nachdem Anna kurz vor Kriegsausbruch im Juni 1914 ihr erstes Lehrerinnenexamen bestanden hatte, begann sie mit ihrer Tätigkeit in einer Wiener Grundschule in deren unteren Klassen. Schülerinnen, die ihr später begegneten, erinnern sich an Anna Freud als eine liebenswerte, wundervolle Lehrerin, die sich auf Gruppenbildern aus der damaligen Zeit inmitten ihrer Schulkinder als ein Teil derselben fühlte.

Anna lernte früh Schicksale von seelisch gestörten Menschen kennen, was sie darin bestätigte, später einmal im Sinne ihres Vaters tätig zu sein. Dies wurde von ihrem Vater wohlwollend unterstützt, war sie doch das einzige seiner Kinder, das den Fußspuren des Vaters bei gleichen beruflichen Interessen folgen wollte. Anna war eine der ersten Persönlichkeiten, die sich psychotherapeutisch den seelisch gestörten Kindern widmete, in einer Zeit, in der Frauen immer noch zu den Benachteiligten in der Gesellschaft gehörten und Kinder lediglich aus der Sicht der Erwachsenen angehalten wurden, sich möglichst den

Forderungen der Gesellschaft anzupassen. Die Welt der Kinder mit ihren eigenen Trieb- und anderen Bedürfnissen blieb noch weitgehend unerschlossen.

In einer Zeit, in der die meisten Männer im Kriege waren, was auch für die Brüder Annas galt, ergaben sich wenig Gelegenheiten für Liebesbeziehungen. Dies betraf die junge Lehrerin Anna, obwohl sich mancher aus dem Kreis um ihren Vater für sie interessierte. Schon früh sah sie in ihrem Vater ihren einzigen „Liebhaber", zu dem sie in seiner Geistigkeit bewundernd aufschaute. Sie fand in dem immer stärkeren Gedankenaustausch gemeinsamer beruflicher Interessen ihre Befriedigung. Auf Spaziergängen und Wanderungen in den Ferien führte der Vater sie in die Welt der psychoanalytischen Arbeit ein. In der Frühphase seiner Psychotherapie hatte er sich fast ausschließlich den seelischen Nöten junger Frauen zugewandt, was das pubertierende Mädchen mit Neugier und Interesse verfolgte. Es war der „dunkle Kontinent" der Frauen, von dem Freud immer wieder sprach, wenn er sich einem für ihn rätselhaften weiblichen Verhalten gegenübersah. Wir wissen von keinen Äußerungen Anna Freuds, in welcher Weise ihr Unbewußtes durch die Lehranalyse beim eigenen Vater wie dem Versuch einer Selbstanalyse angerührt wurde. In den Augen von Verehrern blieb sie die scheu zurückhaltende Tochter des aus der Ferne bewunderten berühmten Vaters. Die einseitige Deutung der Weiblichkeit mit dem Penisneid dürfte wohl kaum ein vielseitig interessiertes und anzurührendes Wesen wie Anna Freud befriedigt haben. Es ist auch nicht überliefert, wie weit Anna Freud am damaligen Frauenrechtlertum, Vorläufer der Emanzipation unserer Zeit, einen echten Anteil genommen hat, das sich damals bis hin zum Wiener Jugendstil mit seinen Vertretern in der Kunst der Symbolwelt des Weiblichen, eines Klimt und Schiele erstreckte.

Mit Annas Neigung, in psychosozialen Bereichen tätig zu sein, hatte sie im Schatten des Vaters schon als Lehrerin den Weg zur Kinderpsychotherapie beschritten. Nach ihrer zweiten Lehrerprüfung besuchte sie die Vorlesungen ihres Vaters und bekundete wißbegierig ihr Interesse für das Werk der Psychoanalyse. Bald darauf begann sie bei ihm eine Lehranalyse, was allerdings von den orthodoxen Schülern Freuds kritisch vermerkt wurde, danach ermunterte er sie zur Selbstanalyse. Inzwischen haben die Arbeiten von Karen Horney ebenfalls die Bedeutung und den Wert einer Selbstanalyse erwiesen, was sich auch in dem Lebenswerk über die „Psychoanalytische Pädagogik" der Erzieherin Nelly Wolffheim bestätigte, die Anna Freud schätzen gelernt hatte.

1922 wurde Anna Freud offiziell in die Wiener Psychoanalytische Gesellschaft aufgenommen. Sie hielt dort ihren ersten Vortrag über

„Schlagephantasien und Tagtraum“, in Erinnerung an S. Freuds Arbeit, „Ein Kind wird geschlagen“. Bald darauf begann sie mit ihren ersten Kinderbehandlungen.

Die Entwicklung seiner jüngsten Tochter erlebte der alternde Freud als Erfüllung. In seinen Briefen bezeichnete er Anna als seine Antigone, womit er im Zusammenhang mit Anna auf einen zentralen Komplex seines Lebenswerkes hinwies.

In diesen Jahren hatte Anna eine feste Beziehung zu der Schriftstellerin Lou Andreas-Salomé entwickelt. Diese hatte nach vorangegangenen Freundschaften mit Nietzsche und Rilke eine Neigung zum wesentlich älteren Freud entdeckt und ihn spontan 1912 in Wien aufgesucht. Auch Freud war von ihrem Wesen angetan und erklärte sich mit ihrem Wunsch, Psychoanalytikerin zu werden, einverstanden. Bei dieser Gelegenheit begegnete Lou flüchtig auch der jungen Anna. Sie stand danach in einem lebhaften Briefwechsel mit S. Freud. Er förderte sie weiterhin in ihrer Ausbildung in Psychoanalyse. Als sie diese absolviert hatte, kam sie 1921 wieder zu einem Besuch nach Wien, und nun entwickelte sich eine innige Freundschaft zwischen Lou und Anna, die ihre Freundin in den nachfolgenden Jahren zweimal in Göttingen aufsuchte. In dieser Freundschaft, die bis zu Lous Tod im Jahre 1936 anhielt, nahm Lou einen lebhaften Anteil an Annas Entwicklung, obwohl sie selber keine Kinder behandelte.

In ihren psychotherapeutischen Behandlungen forschte Anna Freud immer sogleich nach, welches die Ursachen eines kindlichen Fehlverhaltens waren, um zielbewußt die entsprechenden notwendigen Hilfsmaßnahmen einzusetzen. Stets blieb dabei aber das kenntnisreiche Werk psychoanalytischer Erfahrungen ihres Vaters die Grundlage ihres Handelns.

So festigte sich im Laufe der zwanziger Jahre auch bei Anna Freud die Idee einer „Psychoanalytischen Pädagogik“, mit der sich ihr Lebenswerk eindeutig von manchen anderen psychotherapeutischen Bemühungen um Kinder abhob. Dies galt besonders für die Kinderanalyse Melanie Kleins, die zudem über wenige praktische Erfahrungen im Umgang mit Kindern verfügte und mit massiven symbolischen Deutungen sexueller Inhalte ihre kleinen Patienten belastete, indem diese oft eher wie altkluge Erwachsene wirkten.

Aus den Verläufen der Kinderbehandlungen, die von Anna Freud sorgfältig registriert wurden, wird ersichtlich, daß man sich als Kindertherapeut wie im Leben jeweils nach den vom Kind geäußerten Bedürfnissen richten sollte, die bei jedem Kind einen anderen, höchst individuellen Charakter haben. Hierzu bemerkt Anna Freud in ihrem Buch, daß man bei allem, was man mit einem Kind unternimmt, stets wissen soll, was und warum man es tut. Dies läßt eine gründliche Kenntnis des Kindes in all seinen biologischen wie psychologischen Lebensvollzügen erwarten, was zur Spezialausbildung eines Kindertherapeuten eine mehrjährige Tätigkeit in einem kindbezogenen Beruf, wie Lehrer, Erzieher oder Kinderarzt voraussetzt.

So führt uns Anna Freud in wenigen Kapiteln ihres Buches über die „Technik der Kinderanalyse“ in die innere Welt des Kindes mit ihren Hoffnungen, Wünschen, aber auch Ängsten ein, deren aufmerksame, tolerante Kenntnisnahme es ermöglicht, seine Widerstände gegenüber der Neugier des Erwachsenen abzubauen und im Spiel und in Gesprächen an seiner Erlebnis- und Erfahrungswelt teilnehmen zu lassen. Erst im Laufe mehrerer Behandlungsstunden kann das Kind Einsicht in sein auffälliges Verhalten gewinnen, mit dem es vom Erwachsenen als gestört und unangepaßt bezeichnet wird. Hatten doch Eltern und Erzieher schon vor einem Jahrhundert diese Störung als „Kinderfehler“ bezeichnet, womit auch eine Schuldzuweisung zum Kinde für sein Fehlverhalten erfolgte. Es dauerte eine Zeit, bis sich die Erkenntnis breit machte, daß die Ursachen eines kindlichen Fehlverhaltens häufig in einer Fehlerziehung durch die Eltern beruhten, so daß man sich genötigt sah, in die therapeutischen Maßnahmen für das Kind auch die Eltern miteinzubeziehen.

Wenn damals der Internist Strümpell einen Katalog von mehreren hundert Symptomen bei verhaltensgestörten Kindern zusammenstellte, erleben wir heute ähnliches bei verhaltensauffälligen, hyperaktiven Kindern, indem man unter der Diagnose einer frühkindlichen Hirnschädigung in 138 wissenschaftlichen Arbeiten 192 verschiedene Symptome bei diesen Kindern auflistete, was den Eltern eine Schuldzuweisung auf dem Wege der Ursachenforschung zur eigenen Entlastung erleichtert. Daß allein eine psychologisch einfühlsame und empathische Begegnung mit dem Kind zu einer Änderung dessen gestörten Verhaltens führen kann, war eine grundlegende Erkenntnis auf der Basis tiefenpsychologischen Wissens, was die therapeutischen Maßnahmen von Grund auf ändern sollte. Experimentierfreudigkeit in den Anfängen der Kinderanalyse führte dazu, daß in dieser Pionierphase der Kindertherapie viele noch unerforschte Wege beschritten wurden, auf denen man hoffte, zur inneren Welt des Kindes mit seinen Phantasien zu gelangen. Sie sind in den ersten Berichten von Hermine Hugh-Hellmuth und Oskar Pfister, aber auch den frühen Arbeiten von Melanie Klein nachzulesen.

Erst später teilte Anna Freud in einem Erfahrungsbericht der Hampstead Child Therapy Clinic „Wege und Irrwege in der Kinderentwicklung“ (1965) mit, daß es sich nach ihren gesammelten Erfahrungen bei einem Drittel der kleinen Patienten lediglich um vorübergehende Verhaltensstörungen handelte, die sich als Probleme der kindlichen Reifung und Entwicklung erklären ließen. Sie konnten meist mit einfachen Beratungs- und Erziehungsgesprächen behoben werden.

Kurz nach Erscheinen von Anna Freuds „Technik der Kinderanalyse" (1927) wurde eine Tagung in London veranstaltet, die sich kritisch abwertend mit Anna Freuds Werk auseinandersetzte. Es waren fast ausschließlich Melanie Klein und ihre Anhänger, die dazu Stellung nahmen. Damit begann ein über Jahrzehnte anhaltender Streit der beiden Schulen, der sich noch verschärfte, als Anna Freud 1938 nach London emigrierte. Inzwischen war dort auch das Buch Melanie Kleins über die „Psychoanalyse des Kindes" erschienen.

Natürlich hatten Anna Freud und ihre Mitarbeiter bald den Sinn eines kindlichen Spielverhaltens erkannt und auf Grund tiefenpsychologischer Erkenntnisse der Spielinhalte für sich gedeutet, bis das Kind selber zu einem späteren Zeitpunkt zu dieser Erkenntnis gelangte. Bisweilen erfolgte es in einer dramatischen Konfliktklärung kathartisch schon in einer der ersten Spielstunden.

Bei frühen massiven Deutungen, die man Melanie Klein vorgehalten hat, wenn z. B. ein Kind bei einem gespielten Verkehrsunfall auf die „Urscene" der sexuellen Begegnung seiner Eltern hingewiesen hatte, könnte dies mit Schuldgefühlen des Kindes dessen weitere Entwicklung im Verlauf der Behandlung blockieren.

In Übereinstimmung mit Anna Freud hat der Schweizer Kinderpsychologe Hans Zulliger in seiner deutungsfreien psychoanalytischen Kinderpsychotherapie auf dieses problematische therapeutische Verhalten Melanie Kleins hingewiesen. Zur gleichen Zeit, als Anna Freud mit der Kinderanalyse begann, veröffentlichte Hans Zulliger als Primarschullehrer einen kleinen „Bericht über Psychoanalytische Erfahrungen aus der Volksschulpraxis", verwandte Seelen fühlen sich hier miteinander bestätigt. Anna Freud teilte auch nicht die Meinung Melanie Kleins, daß man schon gesunden Kindern eine psychoanalytische Behandlung vermitteln sollte, damit sie bevorstehende Probleme der Reifung und Entwicklung besser bewältigen. Aus ihrer täglichen Arbeit als Lehrerin wußte Anna Freud, daß so manche Störungen ihrer Schulkinder auf milieubedingten Einflüssen aus der Umwelt beruhten und entsprechende psychosoziale Hilfen benötigten.

1920 erlitt Freud einen schweren Verlust, als die von ihm so geliebte Tochter Sophie starb. Es handelte sich um eine Grippe, die damals epidemisch viele Länder Europas heimsuchte und mehr Opfer als der vorangegangene Weltkrieg forderte. Der Mutter folgte ihr Kind Heiner an einer tuberkulösen Meningitis mit deren unheilvollem Verlauf, gegen den es damals noch kein Mittel gab. Es war das von Freud besonders geliebte Enkelkind, dessen Tod er nie ganz verwinden sollte, er hatte ihn unmittelbar in der Berggasse miterleben müssen.

In diesem Jahr meldeten sich bei Freud die Beschwerden seiner Krebserkrankung, die nach 16 schmerzvollen Jahren mit vielen operativen Eingriffen 1939 zu seinem Tode führte. Die ersten Krankheitserscheinungen in der Mundhöhle wurden zunächst als einfache Leukoplakien gedeutet und auf sein exzessives Rauchen zurückgeführt, von dem er nikotinsüchtig bis zu seinem Tode nicht lassen wollte und konnte. Der dramatische Verlauf, den die Krankheit schon im ersten Jahr nahm und mehrere Operationen erforderte, hing auch mit Nachlässigkeiten seiner ärztlichen Versorgung zusammen, bis man sich schließlich zu der ernsten Diagnose bekannte.

Auch Anna war über die Schwere des Leidens zunächst im Ungewissen gehalten, die Freud selbst wohl früh ahnte. So entschloß er sich trotz ärztlicher Warnung noch einmal zu einer größeren Reise, und zwar nach Rom, das seit einem Jahrzehnt bei seinen archäologischen Neigungen Ziel seiner Sehnsucht war. Es wurde ihm zu einer Erfüllung, zumal er seine Tochter Anna mitnehmen konnte. Es blieb auch seine letzte große Reise, von der er innerlich reich beschenkt heimkehrte.

Im Wissen um die Krankheit und das Schicksal ihres Vaters widmete Anna nunmehr ihr ganzes Leben seiner aufopfernden Pflege. Sie war nicht allein seine geliebte Tochter, Teilnehmerin seiner wissenschaftlichen Arbeiten und verläßliche Sekretärin aller seiner Aufgaben und Verpflichtungen, sondern auch seine Krankenschwester, tags wie nachts. Welche Belastung dies für Anna bedeutete, zeigte allein der Umgang mit der lästigen Mundprothese, die ständig operativ verbessert und alltäglich gewechselt und gepflegt werden mußte, und die seine Verständigungsmöglichkeiten weitgehend beeinträchtigte, so daß er keine Veranstaltungen in der Öffentlichkeit mehr besuchte. Die Prothese wurde für ihn zu einem Übergangsobjekt (Winnicott), als Wächter und Zeitzeuge in aller Ambivalenz erfahren. Von beiden, Vater wie Tochter, als „Ungeheuer“ bezeichnet, hatten sie von Anfang an beschlossen, den Umgang mit der Prothese in äußerster Sachlichkeit ohne emotionale Beteiligung zu pflegen, was sie auch bis in die letzten schweren Stunden eingehalten hatten.

Sein Hausarzt, Max Schur, Internist und Psychoanalytiker, der ihn seit 1928 regelmäßig betreute und ihn auch in die Emigration begleitete, hatte ihm verläßlich zugesichert, wenn in den letzten Stunden die Schmerzen unerträglich werden sollten, auf seine Bitten im Sinne eines menschenwürdigen Sterbens lindernde Mittel zu geben. Bis dahin erhielt er lediglich vor und nach den operativen Eingriffen auf Wunsch medikamentöse Hilfen. Trotz dieser intensiven Betreuung, weswegen Anna auf vieles verzichten mußte, hat sie seit 1924 regelmäßig ihre kinderanalytischen Behandlungen durchgeführt, ein wirksames Gegengewicht gegenüber dem sie umgebenden Leid.

In diesen Jahren, die S. Freud rückblickend als seine schöpferischsten empfand, schuf er bedeutende Werke, welche die kulturellen Einflüsse der Psychoanalyse beweisen: „Die Zukunft einer Illusion“ (1928) und „Das Unbehagen in der Kultur“ (1930). Wenig später datiert sein Briefwechsel mit Albert Einstein, zu dem er vom Völkerbund in Genf angeregt wurde (1932). In ihm bezeichnete sich Freud klar als Pazifist. Eine im Grund resignativ-depressive Einstellung war Ausdruck seiner Todesahnungen, die ihn nicht mehr verlassen sollten. An all diesen Arbeiten hatte Anna unmittelbaren Anteil im Miterleben. Dies gilt besonders für Freuds Arbeit über die „Laienanalyse“ (1926), die ihm ein besonderes Anliegen war, im Kreise seiner nicht-ärztlichen Mitarbeiter, zumal seiner Tochter.

Zu den weiteren kulturellen Aufgaben, die sich die Psychoanalyse über die Behandlung seelisch Kranker hinaus stellte, gehörte die Errichtung einer freien Schulgemeinde in Wien nach deutschen Vorbildern.

Dorothy Burlingham, eine wohlhabende Amerikanerin, war mit ihren vier Kindern nach Wien gezogen, um sich psychoanalytisch weiterzubilden. Sie wohnte bald in der Berggasse 19 und entwickelte eine enge Freundschaft zu der jüngeren Anna Freud. Als die geplante Schulgemeinde im Gespräch war, stellte sie die dafür erforderlichen Mittel zu Verfügung. An ihr wurden zunächst die Kinder der Wiener Psychoanalytiker eingeschult, um nach den Plänen einer Psychoanalytischen Pädagogik erzogen zu werden. Unter den ersten Lehrern waren Peter Blos und Erik Homburger Erikson. Peter Blos interessierte sich für die Probleme der Pubertät und Adoleszenz, worin er sich später mit Anna Freud wieder traf. Erik Homburger Erikson, dänischer Herkunft, war Pflegesohn des Kinderarztes August Homburger, einem der ersten deutschen Kinderpsychiater.

Erikson entwickelte in anhaltender treuer Beziehung zu Anna Freud ein Modell über „Kindheit und Gesellschaft“, welches auf psychoanalytischer Basis die Reifung und Entwicklung des Kindes in neuen Formen darstellte. Er prägte den Begriff der Identität am Beispiel der Krisen des Jugendalters, was weithin für die Gesellschaften unseres Zeitalters Geltung hatte. Er wählte hierfür die Lebensläufe bedeutender Persönlichkeiten wie Maxim Gorki, Luther und Gandhi. Seine Biographie Hitlers war der erste Versuch, aus analytischer Sicht die pathologische Entwicklung dieses Unmenschen zu erklären. Zahlreiche Psychoanalytiker aus aller Welt, darunter auch Erikson, versammelten sich zum 100. Geburtstag Sigmund Freuds in Heidelberg und Frankfurt, um seiner in Vorträgen zu gedenken. Mit ihrem 1994 verstorbenen Analysanden Erikson war Anna Freud bis zuletzt in freundschaftlichem Kontakt und Erfahrungsaustausch verblieben.

Zu Beginn der zwanziger Jahre begann in Wien Hoffer mit Vorträgen über Psychoanalyse vor Kindergärtnerinnen, Erziehern und Pädagogen. In dieser Zeit war Maria Montessori als Erzieherin, die neue Wege beschritt, in Wien. Sie war eine der ersten Frauen, die in Italien ein medizinisches Doktorat erhalten hatte. Anna Freud und Maria Montessori begegneten sich wiederholt. Sie schätzten sich, bei unterschiedlichen Standpunkten über das Wesen des Kindes, wie notwendiger therapeutischer Maßnahmen bei kindlichen Verhaltensstörungen.

Alle Bestrebungen in dieser Richtung fielen in Wien auf fruchtbaren Boden, wo die Adlersche Individualpsychologie bei tiefenpsychologischer Orientierung ein breites Netz von Erziehungsberatungsstellen entwickelt hatte. Manche ihrer Leiter wanderten später in die USA aus, wo sie in gleicher Tätigkeit die Child Guidance Clinics gründeten.

Unter dem Einfluß von Siegfried Bernfeld mit dessen erstem Projekt einer Heimerziehung in Wien-Baumgarten sowie Nelly Wolffheims moderner Kindergartenerziehung wurde auch am Berliner Psychoanalytischen Institut die Idee einer „Psychoanalytischen Pädagogik" weiter entwickelt, bis es unter der unermüdlichen Öffentlichkeitsarbeit des Psychohygienikers Heinrich Meng an dem von ihm betreuten Hippokrates-Verlag in Stuttgart zur „Zeitschrift für Psychoanalytische Pädagogik" kam. Sie war zunächst von Heinrich Meng und Ernst Schneider herausgegeben, denen später Paul Federn, August Aichhorn, Anna Freud und Hans Zulliger folgten. In ihnen wurden Arbeiten namhafter Kinderanalytiker, darunter auch eine von Anna Freud über die „Psychoanalyse des Kindes" (1930) veröffentlicht, außerdem wurden in dieser Zeitschrift wichtige Themen auf breiter Diskussionsbasis abgehandelt, wie das „Onanieproblem" (1927/28) sowie der „Selbstmord Jugendlicher" (1928/29).

Eine Einführung in die „Psychoanalyse für Pädagogen" (1930) war ein weiteres wissenschaftliches Werk Anna Freuds, mit dem sie die ihr verwandten Erzieherkreise ansprach. Sie verband dies mit der Forderung, daß alle in Erzieherberufen Tätigen eine Psychoanalyse aufnehmen sollten, um eigene innere Konflikte kennen und beherrschen zu lernen.

Zu einem Neuland psychoanalytischer Erkenntnisse gehörte der Bereich psychosomatischer Krankheiten, zu dem die Psychoanalytiker bisher nur vereinzelt (Abraham u. a.) Beiträge geleistet hatten. Es waren Groddeck, Meng und v. Weizsäcker, die deswegen mit Freud Kontakt aufnahmen. Georg Groddeck, der Freud in Wien aufsuchte, war ein Einzelgänger, der wohl bei Freud eine freundliche Aufnahme fand, dagegen in seiner Art, insbesondere der literarischen Form seiner wissenschaftlichen Darstellungen, bei manchen Analytikern auf Ablehnung stieß.

Heinrich Meng stand Freud menschlich näher, nachdem er als Analysand Paul Federns diesem freundschaftlich verbunden blieb und sie bei gleichen Interessen auf Wegen der Psychohygiene zahlreiche „Bücher des Werdenden“ gemeinsam herausgegeben hatten. Zu Mengs Lehre der Psychosomatischen Medizin rechnete der Begriff der Organpsychose für die Pubertätsmagersucht junger Mädchen. Es gehörte mit zur Weltaufgeschlossenheit des Berliner Institutes, an dem auch Persönlichkeiten wie Erich Fromm und Wilhelm Reich tätig waren, daß Heinrich Meng konsiliarisch an das Krankenbett Lenins nach Moskau gerufen wurde. Freud nahm lebhaften Anteil, als Heinrich Meng mit Karl Landauer die Gründung und Leitung eines Psychoanalytischen Institutes an der Universität Frankfurt übernommen hatte (1929).

Der Internist von Weizsäcker gründete die Heidelberger Psychosomatische Schule. Er trat mit einem Besuch in Wien und nachfolgendem Briefwechsel in Kontakt zu Freud, der sehr bald seine Bedeutung für die Weiterentwicklung der Psychoanalyse erkannte. Mit der „Einführung des Subjektes in die Medizin“ gewann von Weizsäcker eine Ärzteschaft für die Gedankengänge der Psychoanalyse, die er mit seinen Büchern über „Fälle und Probleme“ aus seiner klinischen Praxis ergänzte. Seine Werke über den „Gestaltkreis“ und die „Pathosophie“ gehören in ihren philosophischen Interpretationen zu den Grundlagen moderner Psychosomatik.

Sicher in psychosomatischen Bereichen bewegte sich Franz Alexander, der von Ferenczi an das Berliner Institut gekommen war und dort mit Unterstützung der angegliederten Poliklinik sich der intensiven Behandlung psychosomatischer Krankheiten zuwandte. Er schuf ein Konzept der Psychosomatischen Medizin, das er mit seiner Berufung an ein Psychoanalytisches Institut in den USA fortsetzte und hierfür bald auch Karen Horney vom Berliner Institut kurz vor dem Gewalteinbruch des Jahres 1933 nachholte. Karen Horney gehörte zu einer Gruppe von Neo-Psychoanalytikern, die neue Vorstellungen von der Psychoanalyse einbrachten. Hierzu gehörte für Karen Horney fern von überlieferten patriarchalen Ideen eine neue „Psychologie der Frau“, wie allgemein den „Neurotischen Menschen unserer Zeit.“

Die von Anna Freud bei Heinrich Meng herausgegebene Schrift: „Die Rolle der körperlichen Krankheiten im Seelenleben des Kindes“ (1930) ist eine Frucht dieses neuen Denkens in psychosomatischer Sprache.

Es steht damit am Anfang eines neuen Arbeitsgebietes, das sich Anna Freud in ihrer späteren Heimat in London erschließen sollte.

In der Nachfolge von v. Weizsäcker für das Gedankengut einer Psychosomatischen Medizin hatte sich in Heidelberg und später in Frankfurt Alexander Mitscherlich verdient gemacht. Ihm ist es wohl zu verdanken, daß Anna Freud nachwirkend 1981 ihr erstes und einziges Ehrendoktorat an einer deutschen Universität in Frankfurt am Main erhielt. Hier war ihrem Vater Ende der zwanziger Jahre der Goethepreis verliehen worden. Mitscherlich hatte mit Anna Freud während eines längeren Aufenthaltes in London im Erfahrungsaustausch gestanden.

Festtage des Lebens, wie die Geburtstage bei runden Jahreszahlen, die allgemein mit zunehmendem Alter gefeiert werden und Anlaß zu Erinnerungen geben, unterbrachen beim kranken S. Freud das graue Einerlei eines immer wieder von Schmerzen geplagten Daseins. Sie wurden auch von Anna trotz zusätzlicher Arbeit als Lichtblicke erfahren und fanden wenigstens im Kreis der Familie und einiger Freunde statt. Dabei mußte Anna Sorge tragen, daß der Vater nicht überfordert wurde, was zu Krankheitsrückfällen führen konnte.

So wurde der 70. Geburtstag im kleinen Kreis gefeiert, an dem zahlreiche Glückwünsche aus aller Welt eintrafen und auch die Stadt Wien sich ihres großen Sohnes erinnerte. Sarkastisch bemerkte allerdings Freud, daß das akademische Wien diesen Tag mit einem totalen Schweigen überging.

Als sich 1928 und 1930 Heinrich Meng um den Nobelpreis für Sigmund Freud bemühte und dies mit den Unterschriften bedeutender Persönlichkeiten bekräftigte, wurde es von dem zuständigen Psychiater in Stockholm abschlägig beantwortet, da Freud ein Schwindler sei, der eine Gefahr für die Menschheit bedeute. So war die Ehrung mit dem Goethepreis der Stadt Frankfurt eine Entschädigung, die Freud mit tiefer Befriedigung erfuhr, insbesondere aber Anna beglückte, als sie in Vertretung des kranken Vaters dessen Dankadresse verlesen konnte. Denn es wurden die Gelegenheiten seltener, auf Kongressen und ähnlichen Veranstaltungen die Öffentlichkeit daran zu erinnern, daß Freud noch lebte. Gegensätzliche Gerüchte waren immer wieder im Umlauf.

Doch wurde der 80. Geburtstag am 8. Mai 1936 für alle Beteiligten zu einem festlichen Ereignis. Es meldeten sich an die 200 Gratulanten, Schriftsteller, Künstler, Wissenschaftler und Ärzte, deren Glückwünsche Stefan Zweig und Thomas Mann gesammelt hatten, die sich ihm seit Jahrzehnten verbunden fühlten. Thomas Mann hielt aus diesem Anlaß an mehreren Orten eine Rede, die er auf Wunsch Sigmund

Freuds später in der Berggasse wiederholte, was dieser in tiefer Rührung als eine besondere Ehrung seitens eines Freundes empfand.

Drei Jahre nach dem Einbruch der Gewalt in Deutschland war Freud bei aller Geborgenheit in seiner Familie in Wien sich plötzlich seines jüdischen Schicksals bewußt geworden, nachdem schon 1933 seine Söhne mit ihren Familien fluchtartig Deutschland verlassen hatten und immer mehr Freunde und Mitarbeiter bei Schließung der Psychoanalytischen Institute Deutschland verließen und mit der Emigration einer ungewissen Zukunft entgegensahen. Wenn Freud immer wieder aus dem Ausland in eine neue Heimat eingeladen wurde, konnte er sich dazu nach einem lebenslangen Dasein in der Berggasse nicht entschließen.

So erlebte Freud mit Anna überstürzt die dramatischen Ereignisse des deutschen Überfalls auf Österreich, indem Panzer durch die Straßen fuhren und Millionen Österreicher ihrem Landsmann Adolf Hitler als „Befreier" zujubelten, während ihre jüdischen Mitbürger bei Pogromen der SA-Banden ermordet wurden. Sie verschonten auch nicht das Haus in der Berggasse, das sie mit speziellen Aufträgen besetzten, weil man in ihm Geld und Schätze vermuteten. Freud trat ihnen gelassen gegenüber, auch wenn alle Übrigen eine innere Erregung kaum verbergen konnten. Doch geschah ihnen nichts.

Dies wiederholte sich, als Tage danach Anna Freud zur Gestapo einbestellt wurde und erst am Abend wieder erschien. Wußte man doch, daß viele von diesem Gang nicht mehr heimkehrten. Es ging den Nazibehörden um den Besitz des Internationalen Psychoanalytischen Verlages, womit auch alle Zeitschriften, darunter die „Psychoanalytische Pädagogik", ihr Erscheinen einstellen mußten. Damit wurde symbolisch die Verbrennung der Freudschen Schriften in Berlin 1933 nachgeholt.

In den Stunden existentieller Bedrohung fragte Anna Freud einmal den Vater, ob sie nicht freiwillig aus dem Leben scheiden sollten, wie so viele jüdische Mitbürger. Der todkranke Freud lehnte dieses entschieden ab: Den Gefallen wollten sie den Nazis nicht tun.

Es war dem unermüdlichen Einsatz der Freundin Marie Bonaparte sowie des amerikanischen Botschafters in Paris, Bullit, zu verdanken, daß unter dem Druck der ausländischen Öffentlichkeit der Familie Freud schließlich die Ausreise nach Erstellung des entsprechenden Lösegeldes, einer „Reichsfluchtsteuer", genehmigt wurde. Die Namen der wenigen Personen, die den kranken Freud begleiten durften, wurden festgelegt. Dieses Unternehmen fand mit einer Bahnfahrt nach Paris am 4. Juni 1938 statt, an ihm nahmen insgesamt 14 Personen teil. Die Fahrt ging zunächst nach Paris, wo sie das Gefühl einer Befreiung im Kreis der sie begrüßenden Freunde erlebten. Von dort ging es weiter nach London, wo sie wiederum von Freunden empfangen wurden und in einem Haus im Ortsteil Hampstead eine neue Heimat fanden.

Freuds Hausarzt Max Schur konnte diese Reise nicht mitmachen, weil er Tage zuvor an einer Appendizitis erkrankt war, die sich bei der Operation als phlegmonös herausstellte und einen komplizierten Heilungsverlauf nach sich zog. Er folgte später, in letzter Minute, alleine der Familie Freud nach London und übernahm die weitere ärztliche Betreuung Freuds. An seiner Stelle konnte die befreundete Kinderärztin Josefine Stross am 4. Juni mitreisen, die auch späterhin eine Mitarbeiterin Anna Freuds war.

Von seinen Werken hatte Freud nur den noch unvollendeten „Moses" mitgenommen, was von symbolischer Bedeutung für ihn war. So lebte Freud noch friedlich ein Jahr in Hampstead, treu umsorgt von seinen Lieben und immer wieder besucht von Freunden. Die Qual seines Lebens mit der Krankheit ließ ihn nicht mehr bewußt am Tagesgeschehen teilnehmen.

Inzwischen hatte es mit den Pogromen der „Reichskristallnacht" und hunderten von Opfern in Deutschland einen neuen Höhepunkt der Judenfeindlichkeit gegeben, bei dem der Jude Freud und sein Werk nicht vergessen wurden. So schrieb der „Völkische Beobachter" am 10. Dezember 1939 in einem Nachruf über den „ewigen Juden Sigmund Freud, einen jüdischen Bahnbrecher der Hemmungslosigkeit: Er war ein Scharlatan maßloser jüdischer Brunst, der Todfeind alles Guten und Schönen, aller Ideale, er ist der Verderbteste aller Verderber [...]"

Als Freud inzwischen körperlich so hinfällig geworden war, daß er seine Schmerzen nicht mehr ertragen konnte und jede pflegerische Maßnahme um ihn zur Qual wurde, erinnerte er seinen Arzt an sein einmal gegebenes Versprechen, ihm das Sterben in einer humanen Euthanasie zu erleichtern. Max Schur sicherte ihm dies zu, daß er mit einer milden Medikation friedlich einschlafen konnte. So ist Sigmund Freud in Gegenwart seiner Tochter Anna am 21. September 1939 in London-Hampstead gestorben.

Mit dem Tode ihres Vaters und den seitdem gewonnenen Freiheiten eröffnete sich Anna Freud eine neue Welt, die sie systematisch auf der Basis früherer analytischer Erfahrungen aufbaute. Als sehr bald der Luftkrieg um London mit großen Verlusten der Bevölkerung einsetzte, organisierte Anna Freud mit einem Stab von Mitarbeitern soziale Hilfen, die sich besonders den Kindern zuwandten. Es war eine Dankesschuld, die sie ihrem Gastland für ihre und des Vaters Rettung abstattete. Sie diente zunächst der Hilfe für die Kinder am Ort, die mit ihren Müttern in London verbleiben mußten, sodann jenen, die mit einer Evakuierung auf das Land gebracht wurden, dadurch aber von den Müttern getrennt waren. Es stellte sich heraus, daß die mutterlosen Kinder meist die ernsteren Störungen als die dem Horror des Bombenkrieges ausgesetzten Kinder mit ihren Müttern verarbeiten mußten.

In ihren Schriften über „Kriegskinder“ und „Anstaltskinder“ haben Anna Freud und ihre Mitarbeiter auf diese Schäden hingewiesen und Möglichkeiten ihrer Behandlung aufgezeigt. Diese sorgfältigen Beobachtungen waren die Grundlagen der späteren Untersuchungen mit dem von Anna Freud entwickelten „Hampstead-Index“. Neben einer diagnostischen Befunderhebung weist er sogleich Wege notwendiger psychotherapeutischer Maßnahmen, mit einem Blick auf die Prognose, d.h. die zukünftige Entwicklung des Kindes.

So entstand aus den Nurseries allmählich die Institution einer Hampstead Child Therapy Clinic ambulanten Charakters, in der Anna Freud endlich ihr Lebensziel verwirklichen konnte, nämlich die psychoanalytische Behandlung seelisch gestörter Kinder und Jugendlicher sowie die Beratung ihrer Eltern. Mit der Vielfältigkeit diagnostischer und therapeutischer Maßnahmen wuchs der notwendige Stab qualifizierter Mitarbeiter. Nachdem zunächst die erfahrenen ehemaligen Mitarbeiter Anna Freuds zur Verfügung standen, die aus der alten Heimat und anderen bedrohten europäischen Ländern nach England emigriert waren, wurde nun eine Ausbildung engagierter junger Mitarbeiter notwendig, die in dieser Tätigkeit ein neues Berufsziel sahen. Auch diese Aufgabe eines Lehrinstitutes wurde von der Hampstead-Clinic übernommen. Als Grundlage des erforderlichen theoretischen Wissens dienten neben den Schriften Freuds die neu gegründeten Jahresbände „The Psychoanalytic Study of die Child“, als Nachfolger der von 1926 bis 1937 erschienenen „Psychoanalytischen Pädagogik“:

Da viele Kinder in Kriegszeiten kränklich und behindert waren und zunächst einer medizinischen Hilfe bedurften, nahm Anna Freud Kontakt zu den Kinderkrankenhäusern und deren Ärzten auf. Diese interessierten sich zunehmend für die psychologische Betreuung ihrer kranken Kinder, mit einer daraus resultierenden besseren Heilungschance. Dafür bot sich eine Zusatzausbildung in Psychoanalyse an, nach dem Vorbild namhafter englischer Kinderärzte. Wegweisend war das Buch des englischen Kinderarztes und Analytikers Donald Winnicott mit dem Titel „Von der Kinderheilkunde zur Psychoanalyse“. Er sprach von der „primären Mütterlichkeit“, die eine werdende Mutter schon während der Schwangerschaft entwickelt, sowie von jenem Slogan: „Es gibt kein isoliertes Menschenwesen Kind, sondern nur eine biologische Mutter-Kind-Einheit“. Hier traf sich Winnicott, der aus der Schule von Melanie Klein stammte, um dann eine Vorstellung von der frühen Kindheit zu entwickeln, mit dem Menschenbild einer Anna Freud.

Der Kinderpsychiater René Spitz, der von Wien her nach der Emigration in die USA seine Beziehung zu Anna Freud aufrecht erhalten hatte, teilte ihr seine in den Kriegsjahren ermittelten Befunde an mutterlosen Kindern mit, die er in Heimen angetroffen und beobachtet hatte. Er sprach von einer Naturgeschichte der frühen Mutter-Kind-Beziehung und deren Störungen.

Die sorgfältige Betreuung von Müttern mit ihren Kindern von Geburt an oblag in der Hampstead-Clinic mit einer eigenen beratenden Einrichtung der erfahrenen Kinderärztin Josefine Stross. Nachfolgend war ein Kindergarten eingerichtet, in welchem aus analytischer Sicht die Entwicklung der Kinder im Kindergartenalter beobachtet wurde. Daraus resultieren mehrere Arbeiten Anna Freuds über Probleme der Kindergartenerziehung. Ihr waren die Arbeiten Nelly Wolffheims über die psychoanalytische Erziehung im Kindergarten wohlbekannt, die in Berlin allein auf sich gestellt im Untergrund von 1934 bis 1939 jüdische Kindergärtnerinnen ausgebildet hatte, bis sie sich zuletzt nach England retten konnte.

Mit Donald Winnicott war gleichzeitig der Kinderarzt und Analytiker John Bowlby tätig, der nach dem Krieg im Auftrag der Weltgesundheitsorganisation größere Untersuchungen über in Not geratene Kinder durchführte. Von ihm stammen Bücher über „Bindung" und „Trennung", die besonders über den psychischen Hospitalismus von Kindern im Krankenhaus berichten.

Von Störungen der Krankenhauseinweisung waren meist Kinder betroffen, wenn sie mit der Aufnahme im Krankenhaus von der Mutter getrennt wurden, die dann ihr Kind häufig nur noch einmal in der Woche, und zwar nur vom Fenster aus, besuchen durfte. Die Kinder entwickelten ein Verlassenheitssyndrom, dessen Störungen mit Ängsten und Depressionen oft noch über längere Zeit nach der Krankenhausentlassung des Kindes anhielten. Dies gilt besonders für Kinder, die noch durch operative, aber auch eingreifende diagnostische Maßnahmen traumatisiert waren.

Die Untersuchungen des psychischen Hospitalismus an Londoner Kliniken durch Bowlby und Robertson, die mit Filmen über das Fernsehen an die Öffentlichkeit gebracht wurden, lösten in den späten fünfziger Jahren Proteste aus, welche zu psychohygienischen Reformen in allen Krankenhäusern führten, in denen Kinder aufgenommen waren. Es wurde die unbeschränkte tägliche Besuchszeit für die Eltern eingeführt sowie bei jüngeren Kindern die Mitaufnahme der pflegenden Mütter ermöglicht.

Bald breiteten sich auf Grund der positiven Erfahrungen mit psychohygienischen Reformen dieselben auch in anderen europäischen

Ländern bis hin nach Jugoslawien aus, wo in einer ländlichen Kinderklinik in Tuzla / Bosnien unter dem Kinderarzt Mičić (1963) die besten Erfolge erzielt wurden.

Nach eigenen Beobachtungen bei einer Hospitantentätigkeit an der Hampstead Clinic (1964 / 65) konnten diese auch an deutschen Kinderkliniken erfolgreich eingeführt werden (Biermann 1965, 1981).

Bei der zunehmenden Technisierung der modernen Apparatemedizin ist aber über diese einfachen Maßnahmen der Angstlinderung hospitalisierter Kinder eine intensivere psychologische Betreuung der Kinder erforderlich, wozu die zusätzliche Hilfe einer tiefenpsychologisch orientierten Heilpädagogik notwendig ist. Für diese hat die Heilpädagogin Emma Plank, die in Wien bei Anna Freud und bei Maria Montessori tätig gewesen war, ein eigenes Berufsbild, den „Child Life Worker", entwickelt. Diesem gehören in den USA schon Tausende von Heilpädagogen an. Sie haben sich in Kinderkliniken als unentbehrlich erwiesen, was insbesondere für die Arbeit auf Stationen mit chronisch kranken Kindern bis zu onkologischen Abteilungen gilt. Auf ihnen werden die Eltern in die therapeutischen Maßnahmen in einer Form der Familientherapie miteinbezogen.

An der Clevelander Universitäts-Kinderklinik, an der Emma Plank tätig war, hatte eine frühere Mitarbeiterin von Anna Freud, Thesi Bergmann, besondere Behandlungskonzepte für chronisch kranke und behinderte Kinder entwickelt. In dieser für psychologische Fragestellungen besonders aufgeschlossenen Klinik hatten die Kinderärzte Klaus und Kennell die Betreuung neugeborener Risikokinder in ihren Brutkästen durch den Haut-Hand-Kontakt mit ihren Eltern eingeführt, wie sich allgemein auf den Intensivstationen, auch der Chirurgie, die Mitarbeit der Eltern bewährt hat. Ihre vertraute Stimme kann Kinder schneller aus Zuständen der Bewußtlosigkeit herausholen; dies gilt in Grenzen auch für apallische Kinder. Zusätzlich hat sich bei diesen Kranken eine Musiktherapie bewährt, die auch schon bei Neugeborenen erfolgreich angewandt wird.

Um den Kindern die Eingewöhnung im Krankenhaus zu erleichtern, hat Anna Freud den Kinderärzten geraten, daß Eltern bei der Aufnahme der Kinder im Krankenhaus ihnen folgendes sagen:

> Wir werden Dich weiter lieb behalten
> Wir werden Dich so oft
> besuchen, wie wir können Du
> wirst bald wieder gesund
> werden
> Es wird Dir sicher nachher besser gehen.

Eltern müssen vermeiden, daß das Kind den Eindruck gewinnt, es komme zur Strafe wegen eines Fehlverhaltens ins Krankenhaus, was leider immer wieder der Fall ist.

An den Clevelander Kliniken hatte man unter dem in der ganzen Welt wegen seiner populären Bücher bekannten Kinderarzt Benjamin Spock eingeführt, daß der Medizinstudent über sein ganzes Studium eine Mutter mit ihrem Kind beobachtend und beratend psychologisch betreute und den Verlauf von Reifung und Entwicklung des Kindes sorgfältig registrierte. Auf diese Neuerung, die aus psychosomatischer Sicht v. Weizsäckers „Einführung des Subjektes in die Medizin" entspricht, hatte Anna Freud bewundernd bei einem Vortrag vor den Clevelander Medizinstudenten (1952) hingewiesen.

Zu den vielseitigen Aktivitäten der Hampstead Clinic gehört auch die therapeutische Betreuung blinder Kinder, denen sich hingebungsvoll die langjährige Freundin Anna Freuds, Dorothy Burlingham, widmete. Sie hatte auch die therapeutische Mutter-Kind-Beziehung erforscht, für die unter anderem an der Hampstead Clinic die Simultananalyse eingeführt worden war.

Ein weiterer Arbeitsbereich betrifft die autistischen Kinder, die in einem ländlich gelegenen Sonderheim von einem Stab der Mitarbeiter Anna Freuds in tiefenpsychologischer Orientierung langfristig behandelt wurden.

Ein Höhepunkt der Anna Freud'schen wissenschaftlichen Arbeit über Kinder und Jugendliche ist der in jahrelanger systematischer Tätigkeit aller Mitarbeiter erstellte „Hampstead-Index" als Grundlage der zu treffenden psychotherapeutischen Maßnahmen. Über ihn haben auf der Basis einer Krankenschilderung John Bolland und Josef Sandler berichtet.

Bei diesen im Überblick geschilderten Aktivitäten der Anna-Freud-Klinik gewinnt man den Eindruck, daß es zur Zeit keine Institution gibt, welche mit ihr in der Untersuchung und Behandlung seelisch gestörter Kinder und Jugendlicher zu vergleichen ist. Diesen vielfältigen Aufgaben konnte die Klinik nur durch großzügige Unterstützungen seitens US-amerikanischer Organisationen gerecht werden.

Nicht zuletzt ist ein besonders schmerzliches Kapitel zu erwähnen, in dem Anna Freud mit eigenen Verlusterlebnissen betroffen war, nämlich dem Schicksal ihrer drei Tanten, Schwestern von Sigmund Freud, die in den Vernichtungslagern im Osten umgekommen sind.

Von Anfang an hat sich Anna Freud für die Kinder interessiert, die der Ermordung in den Lagern entgangen sind, aber mit schweren Störungen in das gesunde Dasein der anderen Überlebenden zurückkehrten. Es war eine Gruppe von sechs Kindern, die aus Theresienstadt heimkehrten, wenn dieser Ausdruck überhaupt noch für sie eine Gültigkeit haben konnte, bei der ungewissen Zukunft, die sie alle erwartete. So hatte man die Möglichkeit, sich intensiv dieser Kinder anzunehmen, wozu sich die Schwestern Sophie und Gertrud Dann, Töchter eines Augsburger Rabbiners, bereit erklärten.

Von Martha Kos-Robes, die sich als junges Mädchen im Lager Theresienstadt um die Kinder und Jugendlichen erzieherisch kümmerte, wissen wir, mit welchen Problemen die Kinder in diesem Durchgangslager belastet waren, wo nur wenige den Abtransport in die Vernichtungslager, vornehmlich nach Auschwitz, überlebt hatten.

Die einfühlsamen Berichte der Schwestern Dann bestätigten die großen Schwierigkeiten, welche diese Kinder von Anfang an bereiteten. Die schweren Störungen der Ich-Entwicklung konnten im Laufe eines Jahres etwas abgebaut werden, und allgemein hoffte man, daß nach einer längeren Betreuung die Kinder sich einigermaßen störungsfrei weiterentwickeln würden.

Alice Goldberger hatte an der Hampstead Clinic über viele Jahre briefliche Kontakte mit Kindern aus Konzentrationslagern unterhalten. Diese Briefe waren alle in einem alten Koffer versteckt, den sie unter ihrer Couch aufbewahrte. Sie sah sich im eigenen Schicksal außerstande, dies alles aufzuarbeiten, hörte aber immer wieder von positiven Entwicklungen ihrer Zöglinge, zumal wenn sie nach Israel einwandern konnten.

Während man erst in unseren Tagen die Schicksale der zweiten und manchmal auch schon der dritten Generation von Opfern der Konzentrationslager schildert (Epstein, Kestenberg und Dwork), hatten wir schon Anfang der sechziger Jahre diese Kinder als Patienten gesehen und darüber Anna Freud berichtet.

Die ersten Untersuchungen verdanken wir aber Nelly Wolffheim, die in den fünfziger Jahren erste Erfahrungen aus aller Welt gesammelt hatte, die 1954 in der „Praxis der Kinderpsychologie“ veröffentlicht wurden. Es werden Verhaltensstörungen sichtbar, die man in keiner bisher bekannten Nomenklatur unterbringen kann. Sie wurden bei Erwachsenen in einer Mischung von Angst, Depression und extremer Gehemmtheit von Niederland als „Überlebenssyndrom“ geschildert.

Als ein Blick in die Zukunft ist die Entwicklung anzusprechen, in der man sich mit Fragen der peri- und pränatalen Psychologie und Medizin befaßt, indem man nach mehr als einem halben Jahrhundert das von Otto Rank definierte Trauma der Geburt wieder aufgegriffen hatte.

Inzwischen wurde darüber auf Kongressen von Hau und Schindler (1982) und Fedor-Freybergh (1987), sowie zuletzt von Janus und Ernest Freud, einem Enkel Freuds und langjährigem Mitglied der Hampstead Clinic, wissenschaftlich gearbeitet. Wenn man die neueren Erkenntnisse über die vorgeburtliche Kindheit verfolgt, ist man sicher noch lange nicht am Ende einer Kette, die uns helfen kann, den Sinn des Lebens zu erklären.

In ihrer Multidimensionalität, die keine Probleme der kindlichen Entwicklung ausschließt, die sich in unserer heutigen, kaum noch überschaubaren Welt für das Dasein von Kindern und Jugendlichen während ihrer Reifung und Entwicklung ergeben, scheint die Hampstead Clinic am ehesten in der Lage und bereit, hierin Kindern und Jugendlichen gerecht zu werden.

Schon immer hatte sich Anna Freud an ihrer Klinik mit Ausbildungsfragen zum Kinderanalytiker beschäftigt. Unter verschiedenen Arbeiten zu diesem Themenkreis war es besonders eine 1970 in der „Psyche" veröffentlichte Arbeit über die Lehranalyse. Diese hatte von Anfang an, seit der Eigenanalyse bei ihrem Vater, ihr Interesse behalten. So stand auch die Persönlichkeit des Lehranalytikers im Mittelpunkt ihrer Ausführungen. Andere Arbeiten befaßten sich mit den Unterschieden der Analysen von Erwachsenen und Kindern sowie den Aufgaben der betreffenden Institutionen.

Wenn Anna Freud schon 1966 in einem Beitrag „Das ideale psychoanalytische Lehrinstitut" mit den Worten von Heinz Kohut es als „eine Utopie" bezeichnete, hatte sie einschränkend vermerkt, ob man tatsächlich, ohne den Boden der Realität zu verlassen, in einer Institution die reine Lehre einer seelischen Krankenbehandlung vermitteln könne.

Indem sich die Lehre Anna Freuds über eine Kinderanalyse durch ihre Schülerinnen in vielen Ländern mit anderen sozialen Lebensbedingungen verbreitete, mußte darauf Rücksicht genommen werden. Man näherte sich damit wieder den prophetischen Äußerungen Sigmund Freuds am Ende des ersten Weltkrieges: „Dann werden also Anstalten oder Ordinationsinstitute errichtet werden, an denen psychoanalytisch ausgebildete Ärzte angestellt sind, um die Männer, die sich sonst dem Trunk ergeben würden, die Frauen, die unter der Last der Entsagungen zusammenzubrechen drohen, die Kinder, denen nur die Wahl zwischen Verwilderung und Neurose bevorsteht, durch Analyse widerstands- und leistungsfähig zu erhalten. Diese Behandlungen werden unentgeltliche sein [...]"

So sehr auch weiterhin psychoanalytische Langzeittherapien sich über mehrere Jahre erstrecken und auch Lehranalysen sich oft zu „unendlichen Analysen" ausweiten, wofür die Hampstead Clinic zu Forschungszwecken mit großzügigen internationalen Stiftungen rechnen konnte, haben sich auf psychoanalytischer Basis tiefenpsychologisch orientierte Behandlungsvarianten entwickeln lassen.

Es sei nur an die Mutter-Kind-Arbeit in Simultananalysen, den therapeutischen Umgang mit gestörten Jugendlichen und an die gleichfalls von London ausgehende Arbeit Michael Balints mit psychotherapeutisch tätigen Allgemeinärzten erinnert. Auch die regelmäßige Zusammenarbeit Anna Freuds mit Kinderärzten Londons ist hier zu erwähnen. Wo immer Erzieherinnen mit Kindern im Sinne einer Psychoanalytischen Pädagogik arbeiten, werden sie nach einer Mahnung Anna Freuds auf eine Eigenanalyse nicht verzichten.

Der Kontakt zu ihrer alten Heimat war für Anna Freud nie ganz abgerissen. Doch dauerte es eine Zeit, bis sie sich zu einem Besuch Wiens entschließen konnte. Von anderen Wiener Emigranten ging in Hampstead die Rede, daß sie zu einem Besuch Österreichs möglichst Fluglinien wählten, mit denen sie nicht deutsches Gebiet überqueren mußten.

Anläßlich des 27. Internationalen Psychoanalytischen Kongresses, der 1971 in Wien stattfand, wollte Anna Freud als Begründerin der Kinderanalyse und Leiterin der Child Therapy Clinic eine Einladung nach Wien nicht ausschlagen. So kam sie gemeinsam mit ihrer Freundin und Lebensgefährtin Dorothy Burlingham auch zu einem kurzen Besuch in die Berggasse 19, wo sie beide bis 1938 mit ihren Familien gewohnt hatten. Es wurde dort ein Sigmund-Freud-Museum eingerichtet.

Der Wiener Kongreß, der unter dem Generalthema Aggression stand, erlebte mit dem abschließenden Vortrag von Anna Freud einen Höhepunkt, der allen Beteiligten unvergessen blieb. In einem umfassenden Überblick legte Anna Freud dem Begriff der Aggression das analytische Weltbild zu Grunde, und sie ließ kaum spüren, wie sehr sie diese Thematik am Ort Wien bewegte: die erfahrene Gewalt vor 33 Jahren in der Stadt eines Dr. Luegers – die führenden Positionen, die Österreicher in den Vernichtungslagern einer „Endlösung des Judentums" eingenommen hatten – und neonazistische Äußerungen, die sich auch in Wien wieder bemerkbar machten. Dankbar empfand sie, daß die Stadt Wien einen Kindergarten einrichtete, der ganz im Sinne Anna Freuds geleitet wurde und auch ihren Namen trug.

Ein Jahr später wurde sie nach Wien eingeladen, um die Doktorwürde zu empfangen, an einem Ort, wo ihrem Vater ein Leben lang akademische Anerkennungen versagt geblieben waren.

Es folgte 1978 die Einladung nach Wien, um vor der Wiener Sigmund-Freud-Gesellschaft eine Sigmund-Freud-Vorlesung über ihr Lebenswerk, „die Bedeutung der Kinderanalyse" zu halten.

1979 war ihre verläßliche Freundin Dorothy Burlingham gestorben, die sie von Wien bis London begleitet und an all ihren wissenschaftlichen Arbeiten teilgenommen hatte. Sie fühlten sich einander noch mehr verbunden, als die Tochter der Freundin Peter Heller heiratete, der einst Patient von Anna Freud in Wien gewesen war und dessen „Kinderanalyse bei Anna Freud (1929–1932)“ später in die Literatur eingegangen ist. Mit dem Verlust ihrer nächsten Freundin wurde es um Anna Freud einsamer, auch wenn ihre Hampsteader Klinik in voller Blüte stand.

Es meldeten sich Altersbeschwerden. In dieser Zeit nahm sie wieder Beziehungen zu ihrer Nichte Sophie, Tochter ihres ältesten Bruders Martin auf, die mit der Familie Freud als 13jähriges Mädchen 1938 aus Wien emigriert war, um später mit ihrer Mutter in Boston (USA) ansässig zu werden. Ihr Name erinnerte Anna Freud besonders an ihre etwas ältere, früh verstorbene Schwester, welche lange das Lieblingskind ihres Vaters gewesen war. Zudem hatte es die Nichte als eine in der Sozialarbeit tätige Psychologin zu akademischen Würden gebracht und fand nun auch im Beruflichen in Erinnerung an Anna als die ehemalige Lehrerin und Mitbegründerin der Psychoanalytischen Pädagogik einen Gesprächspartner.

Als sich Sophie entschloß, 1979 für längere Zeit zu ihrer Tante Anna nach London zu gehen, ließ sie sich hierzu für ein Jahr von ihrer Universität beurlauben. Sie traf die Tante in einem Zustand an, der von dem Verlust ihrer Freundin Dorothy Burlingham geprägt war. So fiel es Sophie leicht, ihr Herz zu gewinnen und der Tante bei zunehmenden Altersbeschwerden hilfreich zu sein. Auch in den nachfolgenden Jahren kam sie jeweils in den Sommermonaten nach London zu ihrer Tante.

Als Anna Freud im Frühjahr 1982 an einem Schlaganfall mit den Folgen einer halbseitigen Lähmung erkrankte, war sie für Sophies Hilfe besonders dankbar. Da Anna Freud bis zuletzt geistig rege blieb, konnten sie ihre vertrauten Gespräche fortsetzen. Der Tod Anna Freuds erfolgte im Herbst des Jahres 1982, kurz vor Vollendung ihres 87. Lebensjahres. Sophie war untröstlich, daß sie ihr in den letzten schweren Stunden nicht beistehen konnte. Doch fiel es Anna Freud nicht schwer, von einem reich erfüllten Leben Abschied zu nehmen, in dem sie sich immer von Kindern, den Geschwistern im Elternhaus, wie später ihren Schulkindern, sodann ihren Patienten, umgeben gefühlt hatte, denen sie ein Leben lang ihre Aufmerksamkeit und Zuwendung schenkte.

Die Existenz der nunmehr nach ihr benannten Klinik in London Hampstead bietet die Gewähr, daß das Werk einer Anna Freud in einer

Welt, die so dringend der Hilfen für in Not geratene Kinder bedarf, niemals verschwinden wird.

1995 verfasst von Prof. Dr. med. **Gerd Biermann** (1914–2006), Kinderarzt und Psychotherapeut, Gründer der Ärztlichen Akademie für Psychotherapie von Kindern und Jugendlichen, München.

Vorwort zur ersten deutschen Auflage

Allein die Tatsache, daß nahezu vier Jahrzehnte nach dem ersten Druck der vorliegenden Arbeit eine nochmalige Auflage erforderlich erscheint, spricht für die Bedeutung dieses ersten wissenschaftlichen Werkes von Anna Freud.

Als jüngste Tochter Sigmund Freuds aufgewachsen, hat Anna Freud als einziges seiner Kinder die wissenschaftliche Tradition des Begründers der Psychoanalyse fortgesetzt, indem sie als eine der Ersten seine Erkenntnisse auf dem damals noch weitgehend unerforschten Gebiet des kindlichen Seelenlebens und dessen Störungen anwandte. Mit den verstorbenen Kinderanalytikern Melanie Klein und Hans Zulliger gehört Anna Freud zu den drei Großen der Kinderpsychotherapie, deren Werk für Generationen von Kinderanalytikern wegweisend bleiben wird.

In kritisch besonnener Einstellung hat Anna Freud in ihren Wiener Anfängen in den Zwanzigerjahren, noch ganz von der praktischen Sozialarbeit und Pädagogik beeinflußt, immer wieder den erzieherischen Auftrag des Kindertherapeuten, insbesondere in der Zusammenarbeit und Führung der Eltern verhaltensgestörter Kinder betont. So war sie maßgebend 1926 an der Herausgabe der „Zeitschrift für psychoanalytische Pädagogik" beteiligt, die in den Dreißigerjahren ihr Erscheinen einstellen mußte.

Der Einbruch der Gewalt zwang Sigmund Freud 1939, die österreichische Heimat zu verlassen und mit seiner Tochter nach England überzusiedeln.

Fußend auf praktischen Erfahrungen mit Kriegskindern und Anstaltskindern baute Anna Freud in den Nachkriegsjahren in London konsequent ihr Lebenswerk auf: Mit der Einrichtung der Hampstead Child Therapy Clinic schuf sie die wissenschaftlichen und praktischen Grundlagen einer systematischen Diagnostik und Therapie neurotischer Kinder und Jugendlicher. Gleichzeitig wurde an diesem Institut eine seither in der ganzen Welt berühmte Ausbildungsstätte für Kinderpsychotherapeuten ins Leben gerufen.

Das nunmehr im zwanzigsten Jahrgang erscheinende Jahrbuch „The Psychoanalytic Study of the Child", Nachfolger der „Zeitschrift für psychoanalytische Pädagogik", vermittelt einen lebendigen Eindruck von der wissenschaftlichen Arbeit, die unter der Leitung von Anna Freud an der Hampstead Clinic geleistet wird.

In ihren seither veröffentlichten Arbeiten nimmt Anna Freud zu den wesentlichen Problemen der Ich-Psychologie, der Pubertätsentwicklung wie allgemein einer systematischen Diagnostik und Therapie kindlicher Neurosen Stellung. Mit ihrem soeben erschienenen Werk „Normality and Pathology in Childhood" gibt Anna Freud einen umfassenden Überblick über ihr der Kinderpsychologie und Kinderpsychotherapie gewidmetes Lebenswerk.

Im Rahmen ihrer zahllosen wissenschaftlichen Arbeiten spielt das nunmehr in 4. Auflage vorliegende Erstlingswerk „Einführung in die Technik der Kinderanalyse" eine hervorragende Rolle.

In der ersten Auflage 1927 umfaßte das Buch vier Vorträge, welche am Lehrinstitut der Wiener Psychoanalytischen Vereinigung gehalten worden waren. Ihnen wurde in der zweiten Auflage 1929 ein weiterer Vortrag beigefügt, den Anna Freud auf dem X. Internationalen Psychoanalytischen Kongreß in Innsbruck 1927 gehalten hatte. Die dritte Auflage erschien unverändert 1948 in London.

Anna Freud befaßt sich in diesem Werk mit den vielfältigen Problemen der Kinderpsychotherapie. In einer Diskussion mit den umstrittenen Theorien Melanie Kleins über die Psychologie der frühsten Kindheit zeigt Anna Freud klar die Besonderheiten einer Kinderanalyse auf. Die Einmaligkeit der kindlichen Situation erfordert eine grundlegende Änderung der bisher beim Erwachsenen angewandten psychoanalytischen Technik. So ist wegen des mangelnden Leidensdruckes beim Kinde dessen Analysierbarkeit das erste Ziel der therapeutischen Bemühungen. Bei der Umweltabhängigkeit des noch ich-schwachen Kindes ist eine Therapie ohne gleichzeitige Milieubeeinflussung, d. h. ohne einen pädagogischen Auftrag des Kindertherapeuten, nicht erfolgreich durchzuführen. Anna Freud setzt sich eingehend mit dem Übertragungsbegriff auseinander, dem bei fehlender Übertragungsneurose in der Therapie des Kindes eine ganz andere Bedeutung als in der Erwachsenenanalyse zukommt.

Wie unerläßlich Anna Freud die Erziehungsarbeit einer jeden Kinderanalyse und damit praktisch-pädagogische Kenntnisse des Kindertherapeuten erscheinen, geht aus allen ihren weiteren Schriften, besonders der „Einführung in die Psychoanalyse für Pädagogen" hervor.

Es werden immer enge Beziehungen zwischen der Psychotherapie des Kindes und seiner Erziehung bestehen, weil eine Ordnung des kindlichen Daseins, wie insbesondere eine Neuordnung des gestörten Lebens eines Kindes, ohne pädagogische Maßnahmen undenkbar ist. Daß sich der Kindertherapeut während der Kinderanalyse an die Stelle des Ich-Ideals beim Kinde setzt, ist eine der wesentlichen Erkenntnisse der vorliegenden Schrift Anna Freuds.

Ihr unvergessenes Erstlingswerk nunmehr ein erstes Mal in Deutschland erscheinen zu lassen, ist eine Dankespflicht, welche die deutschen Kinderanalytiker ihrer großen Lehrerin hiermit abstatten.

München 1966, Gerd Biermann

1 Die Einleitung der Kinderanalyse

Es ist schwer möglich, etwas über die Technik der Kinderanalyse auszusagen, wenn man sich nicht vorher über die Frage klar geworden ist, in welchen Fällen man es überhaupt für angezeigt hält, die Analyse eines Kindes zu unternehmen, und in welchen man ein solches Vorhaben besser unterläßt. *Melanie Klein* hat sich in ihren Arbeiten eingehend mit dieser Frage beschäftigt. Sie vertrat die Ansicht, daß jede Störung der seelischen oder geistigen Entwicklung eines Kindes durch eine Analyse behoben oder zumindest günstig beeinflußt werden könne. Sie ging noch weiter und meinte, daß eine Analyse auch für die Entwicklung des normalen Kindes von größtem Vorteil sei und im Laufe der Zeit zu einer unentbehrlichen Ergänzung jeder modernen Erziehung werde. Dagegen hat sich in einer Diskussion dieser Frage ergeben, daß die meisten Wiener Analytiker einen andern Standpunkt vertreten und meinen, daß die Analyse eines Kindes nur im Falle einer wirklichen infantilen Neurose am Platze ist. Ich fürchte, ich werde nicht viel zur Klärung dieser Frage beitragen können. Ich kann höchstens berichten, in welchen Fällen ich eine Analyse unternommen habe, wo dieser Entschluß sich als richtig erwies und wo seine Durchführung an inneren oder äußeren Schwierigkeiten gescheitert ist. Es ist selbstverständlich, daß man sich dann bei neuen Entscheidungen von einem Erfolg weiterleiten und von Mißerfolgen abschrecken läßt. Im ganzen meine ich, man hat bei der Arbeit mit Kindern manchmal den Eindruck, daß die Analyse hier ein zu schwieriges, kostspieliges und kompliziertes Mittel ist, daß man mit ihr zu viel tut, in anderen Fällen wieder, und das noch häufiger, daß man mit der reinen Analyse viel zu wenig leistet. Es könnte sich also ergeben, daß die Analyse, wo es sich um Kinder handelt, gewisser Modifizierungen und Veränderungen bedarf oder doch nur unter bestimmten Vorsichten angewendet werden kann. Wo dann die technische Möglichkeit zur Einhaltung dieser Vorsichten nicht gegeben ist, ist auch vielleicht von der Durchführung der Analyse abzuraten.

Ich werde an mehrfachen Beispielen zeigen, worauf sich die vorstehenden Bemerkungen beziehen. Ich lasse vorläufig jeden Versuch, diese Fragen zu klären, mit Absicht beiseite und beschäftige mich mit dem technischen Gang der Kinderanalyse in Fällen, in denen es aus irgendeinem, im Augenblick nicht näher zu erörternden Grunde, ratsam erschienen ist, sie zu unternehmen.

Ich bin mehrmals aufgefordert worden, den Verlauf eines kindlichen Falles darzustellen und an ihm die spezielle Technik der Kinderanalyse zu erörtern. Ich habe diese Zumutung bisher immer abgelehnt, weil ich gefürchtet habe, alles, was man über dieses Thema sagen kann, müßte ungeheuer banal und selbstverständlich erscheinen. Die spezielle Technik der Kinderanalyse, soweit sie überhaupt speziell ist, läßt sich aus einem sehr einfachen Satz ableiten: daß der Erwachsene – wenigstens weitgehend – ein reifes und unabhängiges Wesen ist, das Kind ein unreifes und unselbständiges. Es ist selbstverständlich, daß bei so verändertem Objekt auch die Methode nicht die gleiche bleiben kann. Manche Stücke von ihr, die in dem einen Fall, beim Erwachsenen, wichtig und bedeutsam sind, verlieren in der neuen Situation an Wichtigkeit, die Rollen der verschiedenen Hilfsmittel verschieben sich; was hier eine notwendige und harmlose Aktion war, wird dort vielleicht zur bedenklichen Maßnahme. Diese Veränderungen ergeben sich aber jedermann aus der vorhandenen Situation und bedürfen kaum einer besonderen theoretischen Begründung.

Nun habe ich aber Gelegenheit gehabt, viele Kinderfälle in langdauernder Analyse zu behalten und bemühe mich im folgenden, die Beobachtungen, die ich dabei machen konnte, so aneinanderzureihen, wie sie wahrscheinlich jedem unter den gleichen günstigen Umständen aufgefallen wären.

Wir halten uns also an die wirkliche Reihenfolge der Begebenheiten in der Analyse und beginnen mit der Einstellung des Kindes zu Anfang der analytischen Arbeit.

Betrachten wir zuerst die analoge Situation beim erwachsenen Patienten. Ein Mensch fühlt sich durch irgendwelche Schwierigkeiten in seinem eigenen Innern in seiner Arbeit oder seinem Lebensgenuß gestört, gewinnt aus irgendeinem Grunde Zutrauen zur therapeutischen Kraft der Analyse oder zu einem bestimmten Analytiker und faßt den Entschluß, auf diesem Wege Heilung zu suchen. Ich weiß natürlich, daß die Sache auch nicht immer ganz so liegt. Nicht immer sind ausschließlich innere Schwierigkeiten der Anlaß zur Analyse, häufig erst die Zusammenstöße mit der Außenwelt, die sich aus ihnen ergeben. Auch der Entschluß wird nicht immer wirklich selbständig gefaßt, das Drängen von Verwandten oder sonst Nahestehenden spielt oft eine größere Rolle, als für die spätere Arbeit günstig ist. Auch das

Zutrauen zur Analyse und zum Analytiker ist nicht immer bedeutend. Immerhin aber bleibt es die für die Behandlung erwünschte und ideale Situation, daß der Patient sich aus freiem Willen gegen ein Stück seines eigenen Seelenlebens mit dem Analytiker verbündet.

Diese Lage der Dinge ist natürlich beim Kind niemals zu finden. Der Entschluß zur Analyse geht nie von dem kleinen Patienten aus, sondern immer von den Eltern oder der sonstigen Umgebung. Das Kind wird nicht um sein Einverständnis gefragt. Würde man eine solche Frage an es stellen, hätte es auch gar keine Möglichkeit, ein Urteil zu fällen und eine Antwort zu finden. Der Analytiker ist ein Fremder, die Analyse selbst etwas Unbekanntes. Was aber noch schwerer wiegt: auch das Leiden ist in vielen Fällen gar nicht das des Kindes, dieses spürt oft selbst gar nichts von einer Störung; nur seine Umgebung leidet unter seinen Symptomen oder Schlimmheitsausbrüchen. So fehlt uns in der Situation des Kindes alles, was in der des Erwachsenen unentbehrlich erscheint: die Krankheitseinsicht, der freiwillige Entschluß und der Wille zur Heilung.

Nicht jedem Kinderanalytiker imponiert das als ein ernstes Hindernis. Sie werden aus den Arbeiten von *Melanie Klein* z.B. erfahren haben, wie sie sich mit diesen Umständen abfand und welche Technik sie darauf begründete. Mir dagegen scheint es der Mühe wert zu versuchen, ob sich nicht die für die Erwachsenenanalyse so bewährte günstige Situation auch im Falle des Kindes herstellen läßt, das heißt, ob sich nicht alle die hier fehlenden Bereitschaften und Bereitwilligkeiten auf irgendeinem Wege in ihm erzeugen lassen.

Ich will nun an sechs verschiedenen Fällen im Alter zwischen dem sechsten und elften Lebensjahr zeigen, wie es mir gelungen ist, den kindlichen Patienten „analysierbar" im Sinne des Erwachsenen zu machen, das heißt, eine Krankheitseinsicht in ihm herzustellen, ihm Zutrauen zur Analyse und zum Analytiker beizubringen und den Entschluß zur Analyse aus einem äußeren in einen inneren zu verwandeln. Es ergibt sich mit dieser Aufgabe für die Kinderanalyse eine Zeit der Einleitung, die wir bei der Analyse des Erwachsenen nicht finden. Ich möchte betonen, daß alles, was wir in dieser Periode unternehmen, noch nichts mit wirklicher analytischer Arbeit zu tun hat, das heißt, von einer Bewußtmachung unbewußter Vorgänge oder einer analytischen Beeinflussung des Patienten ist hier noch nicht die Rede. Es handelt sich einfach um die Überführung eines bestimmten unerwünschten Zustandes in einen andern erwünschten, mit allen Mitteln, die dem Erwachsenen einem Kind gegenüber zu Gebote stehen. Diese Zeit der Vorbereitung – der „Dressur" zur Analyse könnte man eigentlich sagen – wird um so länger dauern, je weiter der ursprüngliche

Zustand des Kindes von dem vorhin geschilderten des idealen erwachsenen Patienten entfernt ist.

Sie dürfen sich eine solche Arbeit aber doch auch wieder nicht zu schwierig vorstellen, der Schritt, der getan werden soll, ist manchmal gar kein besonders großer. Ich denke hier an den Fall eines kleinen sechsjährigen Mädchens, das mir zu einer dreiwöchigen Beobachtung übergeben wurde. Ich sollte feststellen, ob das schwierige, stille und unerfreuliche Wesen des Kindes die Folge mangelhafter Anlagen und einer unbefriedigenden intellektuellen Entwicklung sei oder ob es sich hier um ein besonders gehemmtes und verträumtes Kind handle. Ein näheres Zusehen ergab dann das Vorhandensein einer für dieses frühe Alter ungewöhnlich schweren und umgrenzten Zwangsneurose bei höchster Intelligenz und schärfster Logik. Hier gestaltete sich die ganze Einleitung sehr einfach. Die Kleine kannte bereits zwei Kinder, die bei mir in Analyse waren, und kam das erstemal gemeinsam mit ihrer etwas älteren Freundin zur Stunde. Ich sprach nichts Besonderes mit ihr und ließ sie nur mit der fremden Umgebung ein wenig vertraut werden. Das nächstemal, als ich sie allein hatte, machte ich den ersten Angriff. Ich sagte, sie wisse ja, warum ihre beiden Bekannten zu mir kämen, der eine, weil er nie die Wahrheit sagen konnte und sich das abgewöhnen wollte, die andere, weil sie so viel weinte und schon selber darüber böse war. Ob man sie auch aus so einem Grunde zu mir geschickt hätte. Darauf sagte sie ganz geradeheraus: „Ich habe einen Teufel in mir. Kann man den herausnehmen?“ Ich war im ersten Augenblick erstaunt über diese unerwartete Antwort. Das könnte man schon, meinte ich dann, das sei aber keine leichte Arbeit. Und wenn ich das mit ihr versuchen sollte, so würde sie eine Menge Dinge tun müssen, die ihr gar nicht angenehm sein würden. (Ich meinte natürlich: mir alles zu sagen.) Sie hatte einen Augenblick des ernsthaften Nachdenkens. „Wenn du mir sagst“, erwiderte sie dann, „daß das die einzige Art ist, es zu machen, und es schnell zu machen, so wird es mir recht sein.“ Damit hatte sie sich aus freiem Entschluß auf die analytische Grundregel verpflichtet. Mehr verlangen wir ja auch von dem Erwachsenen zu Anfang nicht. Sie hatte aber auch für die Frage der Zeitdauer das volle Verständnis. Nachdem die drei Probewochen vorüber waren, waren die Eltern unschlüssig, ob sie sie bei mir in Analyse lassen oder auf andere Weise für sie sorgen sollten. Sie selbst aber war sehr beunruhigt, wollte die bei mir erweckte Hoffnung auf Herstellung nicht aufgeben und verlangte immer wieder dringend, ich sollte sie, wenn sie doch fort müßte, in den noch übrigen drei oder vier Tagen von ihrem Teufel befreien. Ich versicherte, das sei unmöglich, brauche eine lange Zeit des Zusammenbleibens. Mit Zahlen konnte ich ihr nichts begreiflich machen, denn sie hatte, obwohl dem Alter nach schon schulfähig, ihrer zahlreichen Hemmungen wegen noch keine Rechenkenntnisse. Darauf setzte sie sich auf den Boden nieder und zeigte auf das Muster meines Teppichs: „Braucht das so viele Tage", sagte sie, „wie hier rote Punkte sind? Oder auch noch so viele dazu, wie hier grüne Punkte sind?" Ich zeigte ihr die große Menge der notwendigen Stunden an Hand der vielen kleinen Medaillons in meinem Teppichmuster. Sie begriff es vollkommen und tat bei der folgenden Entscheidung das ihrige dazu, die Eltern von der Notwendigkeit einer sehr langen Zusammenarbeit mit mir zu überzeugen.

Man könnte sagen, hier war es die Schwere der Neurose, die dem Analytiker die Arbeit so erleichtert hat. Aber ich meine, das wäre ein Irrtum. Ich führe einen anderen Fall als Beispiel an, bei dem die Einleitung ähnlich verlaufen ist, obwohl von einer wirklichen Neurose gar nicht die Rede sein konnte.

Vor ungefähr zweieinhalb Jahren machte ich die analytische Bekanntschaft eines fast elfjährigen Mädchens, dessen Erziehung dem Elternhaus die größten Schwierigkeiten bereitete. Sie war aus dem wohlhabenden Wiener Mittelstand, die Verhältnisse im Hause aber wenig günstig, der Vater schwach und uninteressiert, die Mutter seit mehreren Jahren tot, das Verhältnis zu der zweiten Frau des Vaters und zu einem jüngeren Stiefbruder durch vielerlei Umstände gestört. Eine Anzahl von Diebstählen des Kindes und eine unendliche Serie von groben Lügen und kleineren und größeren Vertuschungen und Unaufrichtigkeiten hatten die Stiefmutter bestimmt, sich auf Rat des Hausarztes an die Analyse um Hilfe zu wenden. Hier war die analytische Verabredung ebenso einfach. „Die Eltern können mit dir nichts anfangen", war die Grundlage der Vereinbarung, „mit ihrer Hilfe allein wirst du nie aus den ständigen Szenen und Konflikten herauskommen. Vielleicht versuchst du es einmal mit einem Fremden". Sie nahm mich ohneweiters erst einmal als Bundesgenossen gegen die Eltern an, so wie die vorhin beschriebene kleine Zwangsneurose als Bundesgenossen gegen ihren Teufel. Die Krankheitseinsicht der Zwangsneurose war hier offenbar durch die Konfliktseinsicht ersetzt, der beiden gemeinsame wirksame Faktor aber das Maß des Leidens, das hier aus äußeren, dort aus inneren Gründen entstanden war. Meine Handlungsweise in diesem zweiten Fall war durchaus die *Aichhorns* im Verkehr mit seinen verwahrlosten Zöglingen aus der Fürsorgeerziehung. Der Fürsorgeerzieher, sagt *Aichhorn*, muß sich zu allererst auf die Seite des Verwahrlosten stellen und annehmen, daß dieser mit der Einstellung gegen seine Umgebung recht hat. Nur so wird es ihm gelingen, *mit* seinem Zögling statt gegen ihn zu arbeiten. Ich möchte hier nur hervorheben, daß *Aichhorns* Stellung für diese Art der Arbeit vor der des Analytikers vieles voraus hat. Er ist von der Stadt oder vom Staate ermächtigt einzugreifen, und hat die Autorität des Amtes hinter sich. Der Analytiker dagegen ist, wie das Kind weiß, von den Eltern bezahlt und beauftragt, er gerät immer in eine schiefe Stellung, wenn er sich – selbst wenn es in deren Interesse ist – gegen seine Auftraggeber wendet. Ich bin tatsächlich auch den Eltern dieses Kindes bei allen notwendigen Unterredungen nie anders als mit schlechtem Gewissen gegenübergesessen, und die Analyse ist schließlich nach einigen Wochen trotz bester innerer Bedingungen durch die Schuld dieses ungeklärten Verhältnisses an äußeren Dingen gescheitert.

In diesen beiden Fällen waren jedenfalls die für den Beginn der wirklichen Analyse notwendigen Vorbedingungen: das Leidensgefühl, das Zutrauen und der Entschluß zur Analyse mit leichter Mühe zu schaffen. Machen wir jetzt einen Sprung zu dem anderen Extrem, einem Fall, bei dem von diesen drei Faktoren keiner vorhanden war.

Es handelte sich dabei um einen zehnjährigen Knaben mit einem unklaren Gemenge vieler Ängste, Nervositäten, Unaufrichtigkeiten und kindlichen perversen Handlungen. Verschiedene kleinere und ein größerer Diebstahl waren in den letzten Jahren vorgefallen. Der Konflikt mit dem Elternhaus war kein offener, bewußter, auch von einer Einsicht in seinen ganzen unerfreulichen Zustand oder einem Wunsch, ihn zu ändern, war auf der Oberfläche nichts zu finden. Seine Haltung gegen mich war durchaus ablehnend und mißtrauisch, sein ganzes Bestreben darauf gerichtet, seine sexuellen Geheimnisse vor der Entdeckung zu schützen. Hier konnte ich keine der beiden Handhaben gebrauchen, die sich in den beiden anderen Fällen als so verwendbar erwiesen hatten. Weder konnte ich mich mit seinem bewußten Ich gegen einen davon abgespaltenen Teil seines Wesens verbünden, denn von einer solchen Abspaltung war ihm gar nichts fühlbar, noch konnte ich mich als Bundesgenossen gegen die Umwelt anbieten, an die er, soweit ihm bewußt war, mit sehr starken Gefühlen gebunden war. Der Weg, den ich hier gehen mußte, war offenbar ein anderer, schwierigerer und weniger direkter, es handelte sich darum, sich in ein Vertrauen einzuschleichen, das auf geradem Weg nicht zu gewinnen war, und sich einem Menschen aufzudrängen, der der Meinung war, sehr gut ohne mich fertig werden zu können.

Ich versuchte das nun auf verschiedene Arten. Erst einmal tat ich durch lange Zeit nichts anderes, als mich seinen Launen anzupassen und seinen Stimmungen auf allen ihren Wegen und Umwegen zu folgen. Kam er in heiterer Verfassung zur Stunde, so war ich auch lustig, war er ernsthaft oder deprimiert, so verhielt ich mich in gleicher Weise. Zog er es vor, eine Stunde statt im Gehen, Sitzen oder Liegen unter dem Tisch zu verbringen, so tat ich, als wäre das das Allergewöhnlichste, hob das Tischtuch auf und sprach so zu ihm hinunter. Kam er mit einem Bindfaden in der Tasche und fing an, mir merkwürdige Knoten und Kunststücke vorzuführen, so zeigte ich, daß ich imstande war, noch viel kunstvollere Knoten und merkwürdigere Kunststücke zu machen Schnitt er Gesichter, so konnte ich noch viel bessere schneiden und forderte er mich zu Kraftproben heraus, so zeigte ich mich als die unvergleichlich Stärkere. Aber ich folgte ihm auch im Gespräch auf jedes Gebiet, von Seeräubergeschichten und geographischen Kenntnissen zu Markensammlungen oder Liebesgeschichten. Mir war auch bei diesen Gesprächen kein Thema zu erwachsen oder zu bedenklich und eine erzieherische Absicht konnte nicht einmal sein Mißtrauen hinter meinen Mitteilungen vermuten. Ich benahm mich ungefähr so wie ein Kinofilm oder ein Unterhaltungsroman, der keine andere Absicht hat, als seine Zuschauer oder Leser an sich zu locken und der sich zu diesem Zweck auf die Interessen und Bedürfnisse seines Publikums einstellt. Meine erste Absicht war tatsächlich auch keine andere, als mich dem Jungen interessant zu machen. Daß ich gleichzeitig in dieser ersten Periode sehr viel über seine oberflächlicheren Interessen und Neigungen erfuhr, war ein kaum mitberechneter, aber sehr willkommener Nebengewinn.

Nach einiger Zeit ließ ich dann einen zweiten Faktor dazutreten. Ich erwies mich ihm in harmloser Weise als nützlich, schrieb ihm in der Stunde seine Briefe auf der Schreibmaschine, war bereit, ihm bei der Aufzeichnung seiner Tagträume und selbst ausgedachten Geschichten, auf die er stolz war, zu helfen und fertigte sogar in der Stunde allerlei kleine Dinge für ihn an. Bei einem kleinen Mädchen, das die gleiche Zeit der Vorbereitung durchmachte, häkelte und strickte ich sehr eifrig in den Stunden und bekleidete allmählich alle ihre Puppen und Teddybären. Ich entwickelte also, könnte man kurz sagen, eine zweite angenehme Eigenschaft, ich war nicht nur interessant, ich war auch brauchbar geworden. Als Nebengewinn dieser zweiten Periode wurde ich an Hand des Brief- und Geschichtenschreibens allmählich in seinen Bekanntenkreis und seine Phantasietätigkeit eingeführt.

Dann kam aber etwas ungleich Wichtigeres hinzu. Ich ließ ihn merken, daß das Analysiertwerden sehr große praktische Vorteile hat, daß z.B. strafbare Handlungen einen ganz andern, ungleich günstigeren Ausgang nehmen, wenn sie zuerst der Analytiker und erst durch ihn die Erziehungspersonen erfahren. So gewöhnte er sich daran, die Analyse als Schutz vor Strafe und meine Hilfe zum Wiedergutmachen unbedachter Taten in Anspruch zu nehmen, ließ mich gestohlenes Geld an seiner Stelle zurückgeben und übertrug mir alle notwendigen, aber unangenehmen Eingeständnisse an seine Eltern. Meine Fähigkeiten in dieser Beziehung probierte er unzählige Male immer wieder aus, ehe er sich entschloß, wirklich an sie zu glauben. Dann aber war kein Zweifel mehr: ich war ihm neben einer interessanten und brauchbaren Gesellschaft zu einer sehr mächtigen Person geworden, ohne deren Unterstützung er nicht mehr recht auskommen konnte. Ich hatte mich ihm also in diesen drei Eigenschaften unentbehrlich gemacht, wir würden sagen, er war in ein vollständiges Abhängigkeits- und Übertragungsverhältnis geraten. Auf diesen Zeitpunkt aber hatte ich nur gewartet, um dann sehr energisch – nicht mit Worten und auch nicht gerade mit einem Schlage – sehr ausgiebige Gegenleistungen von ihm zu verlangen: nämlich die für die Analyse so notwendige Preisgabe aller seiner bisher gehüteten Geheimnisse, die dann die nächsten Wochen und Monate in Anspruch nahm und mit der erst die wirkliche Analyse einsetzte.

Um die Herstellung einer Krankheitseinsicht habe ich mich in diesem Falle gar nicht gekümmert, die kam im weiteren Verlaufe auf ganz anderem Wege von selber zustande, die Aufgabe war hier nur die Schaffung einer Bindung, die stark genug sein mußte, um die spätere Analyse tragen zu können.

Aber ich fürchte, man gewinnt nach dieser ausführlichen Schilderung den Eindruck, als ob es wirklich auf nichts anderes ankäme, als auf diese Bindung. Ich möchte versuchen, mit Hilfe anderer Beispiele, die zwischen den angeführten Extremen die Mitte halten, diesen Eindruck wieder zu verwischen.

Ich wurde aufgefordert, einen anderen zehnjährigen Jungen in Analyse zu nehmen, der in der letzten Zeit ein für die Umgebung sehr unangenehmes und beunruhigendes Symptom entwickelt hatte, nämlich lärmende Wut- und Schlimmheitsausbrüche, die bei ihm ohne einen verständlichen äußeren Anlaß zustande kamen und bei dem sonst gehemmten und ängstlichen Kind um so auffälliger waren. Sein Zutrauen war in diesem Falle leicht zu haben, denn ich war ihm von anderer Seite schon bekannt. Auch der Entschluß zur Analyse traf ganz mit seinen eigenen Absichten überein, denn seine kleinere Schwester war bereits meine Patientin, und die Eifersucht auf die Vorteile, die sie offenbar für ihre Stellung in der Familie daraus bezog, drängte seine Wünsche in die gleiche Richtung. Trotzdem fand ich für die Analyse keinen rechten Angriffspunkt. Aber die Erklärung dafür war nicht weit zu suchen. Er hatte zwar für seine Ängste ein Stück Krankheitseinsicht und ein gewisses Bemühen, sie und seine Hemmungen loszuwerden. Für sein Hauptsymptom aber, für die Wutausbrüche, eher das Gegenteil.

Auf diese war er unverkennbar stolz, betrachtete sie als etwas, was ihn vor anderen auszeichnete, wenn auch nicht gerade im günstigen Sinn, und genoß die Sorge der Eltern, die er durch sie hervorrief. Er fühlte sich also in einem gewissen Sinn einig mit diesem Symptom und hätte wahrscheinlich zu dieser Zeit darum gekämpft, wenn man den Versuch gemacht hätte, es ihm mit analytischer Hilfe zu entreißen. Auch hier griff ich zu einem etwas hinterhältigen und nicht sehr ehrlichen Mittel. Ich beschloß, ihn mit diesem Stück seines Wesens zu verfeinden, ich ließ mir die Ausbrüche, so oft sie vorkamen, schildern, stellte mich besorgt und bedenklich. Ich erkundigte mich, wie weit er in solchen Zuständen überhaupt noch Herr seiner Handlungen war und verglich sein Wüten mit dem eines Geisteskranken, für den meine Hilfeleistung kaum mehr in Betracht käme. Dadurch wurde er stutzig und eingeschüchtert, denn als verrückt betrachtet zu werden, lag natürlich nicht mehr in dem Sinne seines Ehrgeizes. Er versuchte nun selber, diese Ausbrüche zu beherrschen, fing an, sich gegen sie zu stellen, statt sie wie früher zu unterstützen, merkte dabei seine wirkliche Ohnmacht, sie zu unterdrücken und bekam damit eine Steigerung seiner Leidens- und Unlustgefühle. Schließlich wurde nach einigen vergeblichen Versuchen das Symptom, wie ich es gewollt hatte, aus einem geschätzten Besitz zu einem störenden Fremdkörper, zu dessen Bekämpfung er nur allzu bereitwillig meine Hilfe in Anspruch nahm.

Es wird auffallen, daß ich in diesem Falle einen Zustand herbeigeführt habe, welcher bei der kleinen Zwangsneurose von vornherein vorhanden war: eine Spaltung im eigenen Innern des Kindes. Auch in einem anderen Fall, dem eines siebenjährigen neurotisch schlimmen Mädchens, entschloß ich mich am Ende einer langen, der oben geschilderten sehr ähnlichen Vorbereitungszeit zu dem gleichen Kunstgriff. Ich trennte plötzlich ihre ganze Schlimmheit personifiziert von ihr ab, gab ihr einen eigenen Namen, stellte sie ihr gegenüber und erreichte so schließlich, daß sie sich über diese so geschaffene neue Person bei mir zu beklagen begann und Einsicht in das Maß bekam, indem sie unter ihr zu leiden hatte. Mit der so hergestellten Krankheitseinsicht geht dann die Analysierbarkeit des Kindes Hand in Hand.

Aber auch hier dürfen wir eine andere Schranke nicht vergessen. Ich hatte ein ungewöhnlich begabtes und gut veranlagtes achtjähriges Kind, eben jenes oben erwähnte überempfindliche kleine Mädchen, das zu viel weinte, in längerer Analyse. Sie hatte alle Absichten, anders zu werden, und Fähigkeiten und Möglichkeiten, die Analyse bei mir auszunützen. Aber die Arbeit mit ihr stockte immer an einem gewissen Punkt und ich wollte mich schon mit dem wenigen Erreichten, dem Verschwinden des Störendsten zufrieden geben. Da stellte sich immer klarer die zärtliche Bindung an eine der Analyse nicht gut gesinnte Kinderfrau als die Schranke heraus, an die unsere Bemühungen, wo sie wirklich in die Tiefe gehen wollten, stießen. Sie glaubte mit zwar, was sich in der Analyse herausstellte und was ich zu ihr sagte, aber nur bis zu einem gewissen Punkt, bis zu dem sie es sich erlaubt hatte und an dem ihre Treue gegen die Kinderfrau anfing. Was darüber hinausging, stieß auf einen zähen und unangreifbaren Widerstand. Sie wiederholte zwar auf diese Weise einen alten Konflikt in der Liebeswahl zwischen den getrennt lebenden Eltern, der in ihrer frühkindlichen Entwicklung eine große Rolle gespielt hatte. Aber auch diese Aufdeckung half nicht wirklich, denn die jetzige Bindung an die Erziehungsperson war eine durchaus reale und begründete. Ich begann nun einen zähen und konsequenten Kampf mit dieser Kinderfrau um die Zuneigung des Kindes, der von beiden Seiten mit allen Mitteln geführt wurde, in dem ich ihre Kritik weckte, ihre blinde Anhänglichkeit zu erschüttern suchte und nebenbei jeden der kleinen Konflikte, wie sie in der Kinderstube täglich vorkommen, zu meinen Gunsten ausnützte. Ich merkte, daß ich gesiegt hatte, als das kleine Mädchen mir eines Tages wieder einen solchen sie erregenden häuslichen Vorfall berichtete, aber diesmal der Erzählung hinzufügte: „Glaubst du, daß sie recht hat?" Von da an ging die Analyse erst in die Tiefe und führte von all den hier erwähnten Fällen zu dem vielversprechendsten Erfolg.

Die Entscheidung, ob diese Handlungsweise, der Kampf um das Kind, eine erlaubte ist, war in diesem Falle ohne Schwierigkeit zu treffen: der Einfluß der betreffenden Erzieherin wäre nicht nur für die Analyse, sondern auch für die ganze Entwicklung des Kindes ein ungünstiger gewesen. Unhaltbar wird aber eine solche Situation, wenn man als Gegner keinen Fremden, sondern die Eltern des Kindes vor sich hat oder vor die Frage gestellt wird, ob es lohnt, dem Erfolg der analytischen Arbeit zuliebe das Kind dem sonst günstigen und erwünschten Einfluß eines Menschen zu entziehen. Wir werden bei der Frage der praktischen Durchführbarkeit der Kinderanalyse und dem Verhältnis zu der Umgebung des Kindes noch ausführlich auf diesen Punkt zurückkommen.

Ich füge zum Abschluß dieses Themas noch zwei kleine Geschichten an, die zeigen sollen, wie weit das Kind imstande ist, den Sinn der analytischen Bemühung und die therapeutische Aufgabe zu erfassen.

Das beste darin hat wohl die schon mehrmals erwähnte kleine Zwangsneurose geleistet. Sie berichtete mir eines Tages von einem ungewöhnlich gut bestandenen Kampf mit ihrem Teufel und verlangte plötzlich Anerkennung. „Anna Freud", sagte sie, „bin ich nicht viel stärker als mein Teufel? Kann ich ihn nicht sehr gut alleine beherrschen? Dazu brauche ich dich ja eigentlich gar nicht." Das bestätigte ich ihr vollkommen. Sie sei wirklich viel stärker, auch ohne meine Hilfe. „Aber ich brauche dich doch", sagte sie dann nach einer nachdenklichen Minute. „Du sollst mir helfen, daß ich nicht so unglücklich bin, wenn ich stärker sein muß als er." Ich glaube, man kann sich auch bei einem erwachsenen Neurotiker kein besseres Verständnis für die Veränderung erwarten, die er von der analytischen Kur erhofft.

Und nun noch eine zweite Geschichte. Mein so ausführlich geschilderter schlimmer Zehnjähriger kam in einer späteren Periode seiner Analyse eines Tages im Wartezimmer mit einem erwachsenen Patienten meines Vaters ins Gespräch. Der erzählte ihm von seinem Hund; der hätte ein Huhn zerrissen und er, der Besitzer des Hundes, hätte es zahlen müssen. „Den Hund müßte man zu Freud schicken", sagte mein kleiner Patient, „der braucht Analyse." Der Erwachsene erwiderte nichts, äußerte sich aber nachher sehr mißbilligend. Was der Junge denn für eine komische Vorstellung von der Analyse hätte? Dem Hund fehlte doch nichts. Der will das Huhn zerreißen und er zerreißt es. – Ich wußte genau, was der Bub darunter verstanden hatte. „Der arme Hund", muß er gedacht haben. „Er möchte so gerne ein guter Hund sein und etwas in ihm zwingt ihn, Hühner zu zerreißen."

Man sieht, dem kleinen Neurotisch-Verwahrlosten schiebt sich wirklich hier die Schlimmheitseinsicht ohne Schwierigkeit an die Stelle der Krankheitseinsicht und wird ihm so zum vollgültigen Motiv der Analyse.

2 Die Mittel der Kinderanalyse

Ich stelle mir vor, daß meine letzten Ausführungen den praktischen Analytikern einen sehr befremdenden Eindruck hinterlassen haben. Der ganze Umfang meiner Handlungen, wie ich ihn dargestellt habe, widerspricht in zu vielen Punkten den Regeln für die Technik der Psychoanalyse, wie sie uns bisher gegeben wurden.

Überblicken wir noch einmal meine verschiedenen Aktionen: Ich gebe dem kleinen Mädchen ein sicheres Heilungsversprechen, aus der Überlegung heraus, daß man einem Kind nicht zumuten könne, mit einem ihm bisher Unbekannten einen fremden Weg zu einem unsicheren Ziel zu gehen; ich erfülle so sein offenbares Verlangen, durch Autorität gedrängt und in Sicherheit gewiegt zu werden. Ich biete mich offen zum Bundesgenossen an und kritisiere gemeinsam mit dem Kinde seine Eltern. – Ich eröffne in einem anderen Fall einen heimlichen Kampf gegen die häusliche Umgebung und werbe mit allen Mitteln um die Liebe des Kindes. – Ich übertreibe die Bedenklichkeit eines Symptoms, mache dem Patienten Angst, um meinen Zweck zu erreichen. – Und schließlich schleiche ich mich in das Vertrauen der Kinder ein und dränge mich Menschen auf, die der Überzeugung sind, ausgezeichnet ohne midi fertig werden zu können.

Wo bleibt da die vorgeschriebene vornehme Zurückhaltung des Analytikers, die Vorsicht, mit der man dem Patienten mögliche Heilungen oder auch nur Besserungen in unsichere Aussicht stellt, die volle Reserviertheit in allen persönlichen Dingen, die absolute Aufrichtigkeit in der Beurteilung der Krankheit und die volle Freiheit, die man dem Patienten gibt, die gemeinsame Arbeit in jedem beliebigen Augenblick durch seinen Entschluß zu unterbrechen? Die letztere Vorstellung erhalten wir zwar auch bei den kindlichen Patienten aufrecht, aber sie bleibt doch mehr oder minder eine Fiktion, etwa wie in der Schule, wo man auch die Kinder glauben machen will, daß sie für sich selbst und das Leben, nicht für den Lehrer und die Schule lernen. Wollte man mit der daraus erwachsenden Freiheit allzusehr Ernst machen, so hätte man wahrscheinlich am nächsten Morgen die Klasse leer. Ich verteidige mich nun gegen die vielleicht in Ihnen aufgestiegene Vermutung, daß ich in

Unkenntnis oder unbeabsichtigter Vernachlässigung der Vorschriften so gehandelt hätte. Ich meine, ich habe nur, um einer neuen Situation zu entsprechen, Ansätze eines Verhaltens weiter entwickelt, das Sie alle, ohne es weiter zu betonen, Ihren Patienten gegenüber zeigen.

Ich habe vielleicht die Unterschiede zwischen der Anfangssituation des Kindes und der des Erwachsenen übertrieben. In den ersten Tagen der Behandlung erscheinen einem der Entschluß und das Zutrauen des Patienten unsicher. Wir sind in Gefahr, ihn zu verlieren, ehe er die Analyse noch überhaupt begonnen hat und gewinnen erst einen Boden für unsere Aktionen ihm gegenüber, wenn wir ihn mit aller Sicherheit in der Übertragung halten. In diesen ersten Tagen aber wirken wir offenbar fast unmerklich und gewiß ohne es als eine besondere Anstrengung von unserer Seite zu spüren, durch eine Reihe von Dingen auf ihn, die von meinen langandauernden und auffälligen Bemühungen um die Kinder nicht so sehr verschieden sind.

Nehmen wir einen depressiven, melancholischen Patienten als Beispiel. Es ist wahr, daß die analytische Therapie und Technik nicht gerade für diese Fälle bestimmt ist. Wo man aber eine solche Behandlung unternimmt, dort schiebt sich gewiß eine solche Zeit der Vorbereitung ein, in der man in dem Patienten durch Zuspruch und Eingehen auf seine persönlichen Bedürfnisse das Interesse und den Mut für die analytische Arbeit weckt. Oder nehmen wir einen anderen Fall. Die technischen Vorschriften warnen uns zwar davor, Träume zu früh zu deuten und dadurch dem Patienten Kenntnisse über seineinneren Vorgänge zu bieten, für die er noch kein Verständnis, sondern nur Ablehnung haben kann. Bei einem klugen und gebildeten, alles bezweifelnden Zwangsneurotiker aber werden wir uns vielleicht freuen, ihm gleich zu Anfang der Behandlung eine besonders schöne und eindrucksvolle Traumdeutung bieten zu können. Wir interessieren ihn damit, befriedigen seine hohen intellektuellen Ansprüche – und tun im Grunde nichts anderes als der Kinderanalytiker, der einem kleinen Jungen zeigt, daß er mit Bindfaden noch viel bessere Kunststücke ausführen kann, als das Kind selber. Auch dafür, daß wir uns bei dem rebellischen und verwahrlosten Kind auf seine Seite stellen und uns bereit zeigen, ihm gegen seine Umwelt zu helfen, gibt es eine Analogie. Wir zeigen ja auch dem erwachsenen Neurotiker, daß wir zu seiner Hilfe und Unterstützung da sind und nehmen bei allen Konflikten mit der Familie ausschließlich seine Partei. Auch hier also erweisen wir uns als interessant und machen uns nützlich. Aber auch die Frage der Macht und äußeren Autorität spielt eine Rolle. Die Beobachtung zeigt, daß der erfahrene und angesehene Analytiker es in den Anfangsstadien der Analyse um so vieles leichter hat, seine Patienten zu halten, sich vor ihrem „Durchgehen" zu schützen als der junge Anfänger, daß er auch in den ersten Stunden bei weitem nicht so viel „negative Übertragung", Äußerungen von Haß und Mißtrauen zu spüren bekommt wie jener. Wir erklären uns diesen Unterschied aus der Unerfahrenheit des jungen Analytikers, seinem Mangel an Takt im Benehmen gegenüber dem Patienten, seiner Voreiligkeit oder allzu großen Vorsicht in der Deutung. Aber ich meine, hier müßte man gerade das Moment der äußeren Autorität in Betracht ziehen. Der Patient fragt sich, nicht mit Unrecht, wer denn eigentlich dieser Mensch ist, der plötzlich beansprucht, eine so ungeheure Autorität für ihn zu werden, ob seine Stellung in der Außenwelt, die Einstellung der andern, gesunden Menschen ihm gegenüber ihn dazu berechtigt. Man hat es hier nicht notwendigerweise mit der Neuauflage alter Haßregungen zu tun, sondern vielleicht eher mit einer Äußerung gesunden kritischen Menschenverstandes, der sich regt, ehe der Patient sich in die analytische Obertragungssituation gleiten läßt. Der hochgestellte Analytiker von Ruf und Namen aber genießt bei dieser Einschätzung der Sachlage offenbar dieselben Vorteile wie der Kinderanalytiker, der von vornherein größer, erwachsener ist als sein kleiner Patient und der zur unbezweifelten Machtperson wird, wenn das Kind fühlt, daß seine Autorität auch von den Eltern noch weit über die ihre gestellt wird.

Dies wären also die Ansätze zu einer solchen vorbereitenden Periode der Behandlung auch bei der Analyse der Erwachsenen, von denen ich vorhin gesprochen habe. Aber ich meine, ich habe mich dabei unrichtig ausgedrückt. Es wäre richtiger zu sagen, daß wir in der Technik der Erwachsenenanalyse noch Überreste all der Vornahmen finden, die sich dem Kinde gegenüber als notwendig erweisen. Das Ausmaß, in dem wir sie gebrauchen, wird wohl von dem Grade bestimmt, in dem auch der erwachsene Patient, den wir vor uns haben, noch ein unreifes und unselbständiges Wesen geblieben ist, sich also in diesem Punkte dem Kinde annähert.

So viel über die Einleitung der Behandlung, die Herstellung der analytischen Situation.

Stellen wir uns im folgenden vor, daß das Kind durch alle die angeführten Maßnahmen wirklich das Zutrauen zum Analytiker gewonnen hat, Krankheitseinsicht besitzt und jetzt aus eigenem Entschluß eine Änderung seines Zustandes anstrebt. Wir sind damit bei unserem zweiten Thema angelangt: einer Oberprüfung der Mittel, welche uns für die eigentliche analytische Arbeit mit dem Kinde zur Verfügung stehen.

In der Technik der Erwachsenenanalyse haben wir vier solcher Hilfsmittel. Wir verwerten erstens alles, was die bewußte Erinnerung des Patienten liefern kann, um seine Krankengeschichte möglichst vollständig herzustellen. Wir bedienen uns der Traumdeutung. Wir verarbeiten und deuten die Einfälle, welche uns die freie Assoziation des Analysierten bringt. Und wir verschaffen uns schließlich aus der Deutung seiner Übertragungsreaktionen Zugänge zu allen jenen Stücken seines vergangenen Erlebens, die sich auf keine andere Weise in Bewußtes übersetzen lassen. Sie werden sich im folgenden eine systematische Überprüfung dieser Mittel auf ihre Verwendbarkeit und Verwertbarkeit in der Kinderanalyse hin gefallen lassen müssen.

Bei der Zusammensetzung der Krankengeschichte aus den bewußten Erinnerungen des Patienten stoßen wir schon auf den ersten Unterschied. Wir vermeiden beim Erwachsenen, irgendwelche Auskünfte von seiner Familie einzuholen und verlassen uns ausschließlich auf die Auskünfte, die er uns selber geben kann. Diese freiwillige Einschränkung begründen wir damit, daß die von den Familienmitgliedern beigebrachten Mitteilungen meist unzuverlässig und lückenhaft sind und ihre Färbung durch deren persönliche Einstellung zu dem Erkrankten erhalten. Das Kind aber weiß uns nicht viel über seine Krankengeschichte anzugeben. Seine Erinnerung reicht, ehe man ihm in der Analyse zu Hilfe kommt, nicht weit zurück. Es ist von der jeweiligen Gegenwart so sehr in Anspruch genommen, daß die Vergangenheit daneben verblaßt. Außerdem weiß es selber nicht, wann seine Abnormitäten begonnen und wann sein Wesen sich von dem anderer Kinder zu unterscheiden angefangen hat. Es hat noch wenig Sinn für den Vergleich mit anderen und auch noch wenig selbstgestellte Aufgaben, an denen es sein Versagen messen könnte. Der Kinderanalytiker holt also tatsächlich die Krankengeschichte bei den Eltern des Patienten ein. Es wird ihm nichts übrig bleiben, als dabei alle möglichen Ungenauigkeiten und Entstellungen aus persönlichen Motiven in Rechnung zu ziehen.

Dafür haben wir in der Traumdeutung ein Gebiet, in dem man von der Erwachsenen- zur Kinderanalyse nichts umzulernen hat. Das Kind träumt in der Analyse nicht weniger und nicht mehr als der Erwachsene, die Durchsichtigkeit oder Unverständlichkeit des Geträumten richtet sich wie bei jenem nach der Stärke des Widerstandes. Die Träume der Kinder sind sicher leichter zu deuten, wenn sie auch in der Analyse nicht immer so einfach sind wie die in der „Traumdeutung“ gebotenen Beispiele von Kinderträumen. Wir finden alle jene Entstellungen der Wunscherfüllung in ihnen, wie sie der komplizierteren neurotischen Organisation der kindlichen Patienten entsprechen. Aber dem Kinde ist nichts leichter begreiflich zu machen, als gerade die Traumdeutung. Ich sage ihm bei der ersten Traumerzählung:

Der Traum kann nichts selber machen; jedes Stück hat er sich von irgendwo hergeholt; und gehe dann gemeinsam mit dem Kinde auf die Suche. Es unterhält sich über das Aufsuchen der einzelnen Traumelemente wie über ein Zusammenlegspiel und verfolgt mit vieler Genugtuung die einzelnen Bilder oder Worte des Traumes in die Situation des wirklichen Lebens. Vielleicht kommt dies daher, daß das Kind dem Traum noch näher steht als der Erwachsene, vielleicht ist es auch nur darum nicht erstaunt, im Traum einen Sinn zu finden, weil es die wissenschaftliche Meinung von der Unsinnigkeit des Traumes vorher nie vertreten gehört hat. Jedenfalls ist es auf eine gelungene Traumdeutung stolz. Ich habe übrigens oft gefunden, daß auch unintelligente Kinder, die in allen anderen Punkten zur Analyse so ungeeignet wie nur möglich waren, in der Traumdeutung nicht versagten. Zwei solcher Analysen habe ich lange Zeit hindurch fast ausschließlich an Hand der Träume geführt.

Aber auch wo die Assoziationen des kindlichen Träumers ausbleiben, ist oft trotzdem noch eine Deutung möglich. Die Situation des Kindes ist so viel leichter zu kennen, seine Tageserlebnisse zu übersehen, die Anzahl der Personen seiner Umwelt viel geringer. Man kann sich oft getrauen, die fehlenden Einfälle aus der eigenen Kenntnis der Lage zur Deutung einzusetzen. Die folgenden zwei Beispiele von Kinderträumen, die gar nichts Neues bieten, sollen Ihnen nur die eben beschriebenen Verhältnisse noch einmal veranschaulichen.

Im fünften Monat der Analyse eines neunjährigen Mädchens lange ich endlich bei der Besprechung ihrer Onanie an, die sie sich nur unter schweren Schuldgefühlen eingestehen kann. Sie spürt beim Onanieren starke Hitzegefühle, ihre Ablehnung gegen die Betätigung am Genitale greift auch auf diese Sensation über. Sie beginnt, sich vor Feuer zu fürchten und sträubt sich dagegen, warme Kleidung zu tragen. An einem Gasbadeofen, der neben ihrem Schlafzimmer angebracht ist, kann sie die Flammen nicht ohne Angst vor einer Explosion brennen sehen. Eines Abends will ihre Kinderfrau in Abwesenheit der Mutter den Badeofen anzünden, kennt sich aber nicht aus, und ruft den größeren Bruder zu Hilfe. Er bringt es auch nicht zustande. Die Kleine steht dabei und hat das Gefühl, sie sollte sich auskennen. In der darauffolgenden Nacht träumt sie dieselbe Situation, nur *hilft sie* im Traume *wirklich mit, macht es aber falsch und der Ofen explodiert. Die Kinderfrau hält sie zur Strafe unter das Feuer, so daß sie verbrennen* muß. Sie erwacht mit großer Angst, weckt sofort die Mutter, erzählt ihr den Traum und setzt (aus ihrer analytischen Kenntnis) hinzu, daß das sicher ein Bestrafungstraum ist. – Sie bringt sonst keine Einfälle, die ich mir aber in diesem Falle leicht ergänzen konnte. Das Herumarbeiten am Ofen steht offenbar für das Herumarbeiten an ihrem eigenen Körper, das sie auch bei ihrem Bruder voraussetzt. Das „Falsche" daran wäre der Ausdruck ihrer eigenen Kritik, die Explosion wahrscheinlich die Art ihres Orgasmus. Die Kinderfrau, welche die Warnerin vor der Onanie ist, vollzieht auch folgerichtig die Bestrafung.

Zwei Monate später hatte sie einen zweiten Feuertraum folgenden Inhalts: *„Auf der Zentralheizung liegen zwei Ziegelsteine von verschiedener Farbe. Ich weiß, jetzt wird das Haus gleich brennen und habe Angst. Dann kommt jemand und nimmt die Ziegelsteine fort."* Beim Erwachen hat sie die Hand am Genitale. Diesmal bringt sie einen Einfall zu einem Traumstück, zu den Ziegelsteinen: man habe ihr gesagt, wenn man sich Ziegelsteine auf den Kopf legt, wächst man nicht. Von hier aus ergänzt sich die Deutung ohne Schwierigkeiten. Das Nichtwachsen ist eine der Strafen, die sie für die Onanie befürchtet, die Feuerbedeutung kennen wir aus dem früheren Traum als Symbol ihrer Sexualerregung. Sie onaniert also im Schlaf, wird von der Erinnerung an alle Onanieverbote gewarnt und bekommt Angst. Der Unbekannte, der die Ziegelsteine fortnimmt, bin wahrscheinlich ich mit meinen beruhigenden Versicherungen.

Nicht alle Träume, die in den Kinderanalysen vorkommen, deuten sich mit so geringen Schwierigkeiten. Im allgemeinen aber hat die letztesmal erwähnte kleine Zwangsneurotikerin recht, die mir einen Traum der vergangenen Nacht mit folgenden Worten anzukündigen pflegt: „Ich habe heute einen komischen Traum gehabt. Aber du und ich, wir werden sehr bald herausfinden, was das alles bedeutet."

Neben der Deutung der Träume spielt auch die der Tagträume eine große Rolle in der Kinderanalyse. Mehrere der Kinder, an denen ich meine Erfahrungen sammeln konnte, waren große Tagträumer, die Erzählung ihrer Phantasien wurde mir zum größten Hilfsmittel in der Analyse. Es ist gewöhnlich sehr leicht, Kinder, deren Vertrauen man einmal auf anderen Gebieten gewonnen hat, auch zur Erzählung ihrer Tagesphantasien zu bewegen. Sie erzählen sie leichter, schämen sich offenbar weniger für sie als der Erwachsene, der seine Tagträumereien als „kindisch" verurteilt. Während der Erwachsene gerade aus diesen Gründen des Schämens und der Verurteilung seine Tagträume gewöhnlich erst spät und zögernd in die Analyse bringt, kommt einem bei dem Kind in den schwierigen Anfangsstadien ihr Auftauchen oft sehr zu Hilfe. Die folgenden Beispiele sollen drei Typen solcher Phantasien vor Augen führen.

Der einfachste Typus wäre der Tagtraum als Reaktion auf ein Tageserlebnis. Die kleine, eben erwähnte Träumerin z.B. reagiert zur Zeit, da ihr Konkurrenzkampf gegen die Geschwister die größte Rolle in ihrer Analyse spielt, auf eine vermeintliche Zurücksetzung mit folgendem Tagtraum: „*Ich möchte überhaupt nicht auf die Welt gekommen sein, ich möchte sterben. Ich stelle mir manchmal vor, daß ich sterbe und dann wieder auf die Welt komme, als Tier oder als Puppe. Wenn ich aber als Puppe auf die Welt komme, dann weiß ich, wem ich gehören möchte, einem kleinen Mädchen, bei dem meine Kinderfrau früher war, und das besonders nett und brav ist. Bei der möchte ich Puppe sein und würde mir auch gar nichts daraus machen, wenn man mit mir so herumtun würde, wie man mit Puppen herumtut. Ich wäre ein reizendes kleines Baby, man könnte mich waschen und alles mit mir machen. Das Mädchen würde mich am allerliebsten haben. Wenn es aber vielleicht zu Weihnachten wieder eine Puppe bekommen würde, so würde ich doch weiter ihr Liebling sein. Sie würde nie eine Puppe lieber haben als die Babypuppe.*" Es ist hier wohl überflüssig hinzuzusetzen, daß zwei der Geschwister, auf die sich ihre Eifersucht am stärksten richtet, jünger sind als sie. Ihre augenblickliche Situation könnte sich aus keiner Mitteilung und keinem Einfall klarer herauslesen lassen als aus dieser kleinen Phantasie.

Die sechsjährige Zwangsneurotikerin wohnt zu Beginn ihrer Analyse bei einer befreundeten Familie. Sie hat einen ihrer Schlimmheitsanfälle, der von den anderen Kindern sehr kritisiert wird. Ihre kleine Freundin weigert sich sogar, mit ihr in einem Zimmer zu schlafen, was sie sehr kränkt. In der Analyse erzählt sie mir aber, daß sie von der Kinderfrau, weil sie brav war, einen kleinen Spielzeughasen geschenkt bekommen hat und versichert gleichzeitig, daß die andern Kinder sehr gerne mit ihr schlafen. Dann berichtet sie einen Tagtraum, den sie beim Ausruhen plötzlich gehabt hat. Sie habe gar nicht gewußt, daß sie ihn macht.

„*Es war einmal ein kleiner Hase, mit dem seine Familie gar nicht nett war. Sie wollten ihn zum Schlächter schicken und abschlachten lassen. Das hat er erfahren. Er hat ein ganz altes Automobil gehabt, mit dem man aber noch fahren konnte. Das hat er in der Nacht geholt, sich hineingesetzt und ist davongefahren. Er ist zu einem reizenden kleinen Haus gekommen, in dem ein Mädchen* (hier sagt sie ihren eigenen Namen) *gewohnt hat. Sie hat ihn unten weinen gehört, ist hinuntergegangen und hat ihn eingelassen. Er ist dann bei ihr wohnen geblieben.*" Hier kommt also das Gefühl des Unerwünschtseins, das sie sich in der Analyse bei mir offenbar auch vor sich selbst gerne ersparen möchte, mit aller Deutlichkeit zum Durchbruch. Sie selbst ist doppelt in dem Tagtraum vorhanden: einerseits als der kleine ungeliebte Hase, anderseits als das Mädchen, das den Hasen dann so gut behandeln wird, wie sie selbst behandelt werden möchte.

Ein komplizierterer zweiter Typus ist dann der fortgesetzte Tagtraum.

Bei Kindern, die solche Tagträume, „*continued stories*", ausspinnen, ist es, sogar in der allerersten Periode der Analyse, oft sehr leicht, sich soweit mit ihnen in Verbindung zu setzen, daß man täglich das neu hinzugefügte Stück des Tagtraumes erzählt bekommt. Aus diesen täglichen Fortsetzungen läßt sich dann die jeweilige innere Situation des Kindes rekonstruieren.

Als drittes Beispiel erwähne ich einen neunjährigen Knaben, dessen Tagträume sich zwar mit voneinander verschiedenen Personen und Situationen beschäftigen, aber den gleichen Typus des Ablaufes in unzähligen Situationen wiederholten. Er begann seine Analyse mit der Erzählung einer Fülle solcher in ihm aufgespeicherten Phantasien. In vielen davon waren die beiden Hauptpersonen ein Held und ein König. Der König bedroht den Helden, will ihn martern und umbringen, der Held entzieht sich ihm auf alle mögliche Weise. Alle technischen Neuerungen, besonders eine Luftflotte, spielen bei der Verfolgung eine große Rolle. Von großer Bedeutung ist auch eine Schneidemaschine, die nach beiden Seiten bei der Fortbewegung sichelartige Messer ausschickt. Die Phantasie endet damit, daß der Held siegt und dem König alles antut, was dieser ihm antun wollte.

Ein anderer seiner Tagträume schildert eine Lehrerin, welche die Kinder straft und schlägt. Die Kinder umringen und überwältigen sie schließlich und schlagen sie, bis sie stirbt.

Ein anderer wieder beschäftigt sich mit einer Schlagemaschine, in die am Ende, statt des Gefangenen, der gepeinigt werden sollte, der Peiniger selbst gesperrt wird. Er besaß in seiner Erinnerung noch eine ganze Sammlung solcher Phantasien in unendlichen Variationen. Wir erraten ohne noch mehr von dem Knaben zu wissen, daß all diesen Phantasien die Abwehr und Rache für eine Kastrationsdrohung zugrunde liegt; d. h. die Kastration wird im Tagtraum an demjenigen vollzogen, der sie ursprünglich angedroht hatte. Bei solchem Analysenbeginn kann man sich eine ganze Reihe von Erwartungsvorstellungen für den späteren Verlauf bilden.

Ein weiteres technisches Hilfsmittel, das neben der Verwertung der Träume und Tagträume in manchen meiner Kinderanalysen sehr im Vordergrund stand, ist das Zeichnen, das sich bei drei meiner aufgezählten Fälle für eine Weile fast an die Stelle aller anderen Mitteilungen setzte. So zeichnete die vorhin erwähnte Feuerträumerin zur Zeit, da sie mit ihrem Kastrationskomplex beschäftigt war, unaufhörlich furchtbar aussehende menschliche Ungeheuer mit überlangem Kinn, langer Nase, unendlichen Haaren und einem schrecklichen Gebiß. Der Name dieses immer wiederkehrenden Ungeheuers war Beißer, sein Beruf offenbar das Abbeißen des Gliedes, das er selber an seinem Körper in so vielfacher Weise ausgebildet hatte. Eine Reihe anderer Zeichenblätter, die sie in den Stunden immer wieder als Begleitung zu ihren Erzählungen oder auch schweigend füllte, zeigte alle Arten von Wesen, Kinder, Vögel, Schlangen, Puppen, alle mit unendlich in die Länge gezogenen Armen, Beinen, Schnäbeln und Schwänzen. Auf einem anderen Blatt der gleichen Periode stellte sie blitzartig alles zusammen, was sie sein wollte: ein Knabe (um ein Glied zu besitzen), eine Puppe (um die geliebteste zu sein), ein Hund (der ihr als Vertreter der Männlichkeit galt) und ein Seejunge, den sie einer Phantasie entnahm, in der sie allein als Knabe den Vater auf einer Reise um die Welt begleitete. über all diesen Figuren war noch eine Zeichnung aus einem halb gehörten, halb selbst erfundenen Märchen angebracht: eine Hexe, die einem Riesen die Haare ausriß, also wieder ein Bild für die Kastration, welche sie zu dieser Zeit der Mutter zum Vorwurf machte. Sehr merkwürdig wirkt daneben eine Serie Bilder aus einer viel späteren Periode, in der ganz im Gegenteil eine Königin einer kleinen Prinzessin, die vor ihr steht, eine langstielige wunderbare Blume (offenbar wieder ein Penissymbol) überreicht.

Noch anders waren die Bilder der kleinen Zwangsneurotikerin. Die Erzählungen ihrer analen Phantasien, welche den ersten Teil ihrer Analyse ausfüllten, begleitete sie gelegentlich mit Illustrationen. So zeichnete sie z. B. ein anales Schlaraffenland, in dem sich die Menschen statt durch die Brei- und Tortenmengen des Mädchens durch einen ungeheuren Haufen aneinandergereihter Kotpatzen durchfressen mußten. Außerdem aber besitze ich von ihr eine Reihe der zartesten farbigen Blumen- und Gartenbilder, die sie mit ungeheurer Sorgfalt, Sauberkeit und Anmut ausführte, während sie mir ihre von Schmutz starrenden analen Tagträumereien entwickelte.

Aber ich fürchte, daß ich bisher ein zu ideales Bild von den Verhältnissen in der Kinderanalyse entworfen habe. Die Familie liefert einem bereitwillig alle notwendigen Auskünfte; das Kind selbst entpuppt sich als ein eifriger Traumdeuter, es bringt eine reichlich strömende Fülle von Tagesphantasien und liefert nebenbei Serien interessanter Zeichnungen, von denen sich Schlüsse auf seine unbewußten Regungen ziehen lassen. Es wäre nach allen diesen Schilderungen nicht ganz verständlich, warum man bisher die Kinderanalyse immer als ein ganz besonders schwieriges Gebiet der Analysentechnik empfunden hat oder warum so viele Analytiker erklären, mit Kindern in der Behandlung nichts anfangen zu können.

Die Antwort ist nicht schwer zu geben. Das Kind hebt alle erwähnten Vorteile dadurch wieder auf, daß es sich weigert zu assoziieren.

Es stürzt also den Analytiker dadurch in Verlegenheit, daß das eigentliche Mittel, auf welches die analytische Technik gebaut ist, bei ihm so gut wie nicht zur Anwendung gelangen kann. Es widerspricht offenbar dem Wesen des Kindes, die dem Erwachsenen vorgeschriebene bequeme Ruhelage einzunehmen, mit seinem bewußten Willen alle Kritik der auftauchenden Einfälle auszuschalten, nichts von der Mitteilung auszuschließen und auf diese Weise die Oberfläche seines Bewußtseins abzutasten.

Es ist allerdings wahr, daß man ein Kind, das man auf die beschriebene Weise an sich gebunden hat und dem man unentbehrlich geworden ist, zu allem veranlassen kann. Es assoziiert also auch gelegentlich einmal auf die Aufforderung hin, für kurze Zeit und dem Analytiker zuliebe. Ein solches Einschieben der Assoziationen kann sogar von großem Nutzen sein und in einer schwierigen Situation plötzliche Aufklärung bringen. Aber es wird immer den Charakter einer solchen einmaligen Hilfe behalten, nicht die sichere Basis sein, auf welche die ganze analytische Arbeit gegründet wird.

Ein kleines Mädchen, das sich in der Analyse als besonders folgsam und meinen Wünschen gefügig erwies, das auch bei seiner großen zeichnerischen Begabung durchaus visuell veranlagt war, konnte ich gelegentlich, wenn ich mich gar nicht mehr auskannte, darum bitten, „Bilder zu sehen". Sie setzte sich dann mit geschlossenen Augen und in einer merkwürdig hockenden Stellung hin und verfolgte gespannt die Dinge, die in ihr vorgingen.

Auf diese Weise gab sie mir tatsächlich einmal die Lösung einer langdauernden Widerstandssituation. Das Thema war damals der Kampf um die Onanie und die Ablösung von der Kinderfrau, zu der sie, um sich vor meinen Befreiungsversuchen zu schützen, mit doppelter Zärtlichkeit geflüchtet war. Ich bat sie, Bilder zu sehen, und das erste Bild, das in ihr auftauchte, brachte die Antwort: „Die Kinderfrau fliegt über das Meer davon." Das hieß mit der weiteren Ergänzung, in der um mich lauter Teufel herumtanzten, daß ich die Kinderfrau zum Weggehen bringen würde. Dann aber würde sie keinen Schutz gegen ihre Onanieversuchung mehr haben und sich von mir „schlecht" machen lassen.

Hie und da einmal kommen einem auch, häufiger als diese gewollten und verlangten Assoziationen, unbeabsichtigte und ungewollte Hilfe. Hier nehme ich wieder die kleine Zwangsneurotikerin zum Beispiel. Auf dem Höhepunkt ihrer Analyse handelt es sich darum, ihr ihren Haß gegen die Mutter klar zu zeigen, vor dem sie sich in der Vergangenheit durch die Schaffung ihres „Teufels", des unpersönlichen Vertreters aller Haßregungen, geschützt hatte. Obwohl sie bisher willig mitgegangen war, begann sie sich an dieser Stelle zu sträuben. Gleichzeitig aber verfiel sie zu Hause in alle möglichen trotzigen Schlimmheiten, an Hand derer ich ihr täglich nachwies, daß man sich nur gegen einen Menschen, den man hasse, so schlecht benehmen könne. Schließlich gab sie unter dem Druck der immer wieder beigebrachten Beweise äußerlich nach, wollte aber jetzt von mir auch den Grund eines solchen Haßgefühls gegen die angeblich sehr geliebte Mutter wissen. Hier verweigerte ich die weiteren Auskünfte, da ich mit meinem Wissen auch zu Ende war. Darauf sagte sie nach einer Minute des Stillschweigens: „Ich glaube immer, es ist ein Traum daran schuld, den ich einmal (vor mehreren Wochen) gehabt habe und den wir nie verstanden haben." (Ich bitte sie, ihn zu wiederholen, was sie auch tut): *„Alle meine Puppen waren da und auch mein Hase. Dann bin ich weggegangen und der Hase hat so schrecklich zu weinen angefangen. Da habe ich solches Mitleid mit dem Hasen gehabt.* Und ich glaube, jetzt mache ich den Hasen immer nach und darum weine ich auch so wie er." In Wirklichkeit verhielt es sich natürlich umgekehrt, der Hase machte sie nach, nicht sie den Hasen. Sie selber stellt in diesem Traum die Mutter dar und behandelt den Hasen, wie sie von der Mutter behandelt worden war. Sie hatte mit diesem Traumeinfall endlich den Vorwurf gefunden, den ihr Bewußtsein sich immer gesträubt hatte, der Mutter zu machen: daß sie immer gerade dann weggegangen war, wenn das Kind sie am meisten gebraucht hätte.

Einige Tage später wiederholt sie den Vorgang noch ein zweites Mal. Ich dringe weiter in sie, nachdem sich nach einer momentanen Befreiung ihre ganze Stimmung wieder bewölkt hat, noch mehr zu dem gleichen Thema zu bringen. Sie weiß nichts, sagt aber plötzlich aus tiefen Gedanken: „In G. ist es so schön, da möchte ich gerne wieder einmal hingehen." Bei näherem Befragen stellt sich heraus, daß sie in diesem Landaufenthalt eine ihrer unglücklichsten Zeiten gehabt haben mußte. Ihr größerer Bruder war eines Keuchhustens wegen zu den Eltern in die Stadt geholt worden und sie war mit der Kinderfrau und zwei kleinen Geschwistern isoliert. „Die Kinderfrau war immer böse, wenn ich den Kleinen das Spielzeug weggenommen habe", sagt sie spontan. Es kam also damals zu der vermeintlichen Bevorzugung des Bruders durch die Eltern noch die wirkliche der kleineren Geschwister durch die Kinderfrau. Sie fand sich von allen Seiten verlassen und reagierte in der ihr eigenen Weise. Wieder also hatte sie durch die Erinnerung, diesmal an die landschaftliche Schönheit jenes Ortes, einen der schwerwiegendsten Vorwürfe gegen die Mutter gefunden.

Ich würde diese drei Fälle von überraschenden Assoziationen nicht hervorheben, wenn Ähnliches öfter in der Kinderanalyse der Fall wäre. Sie wissen, daß wir es beim Erwachsenen nicht anders gewöhnt sind.

Dieser Mangel in der Assoziationswilligkeit des Kindes hat alle, die sich bisher mit der Frage der Kinderanalyse beschäftigt haben, veranlaßt, nach irgendeinem Ersatz auf die Suche zu gehen. Frau Dr. *Hug-Hellmuth* versuchte sich die Kenntnisse, die man aus den freien Einfällen des erwachsenen Patienten gewinnt, dadurch zu ersetzen, daß sie mit dem Kinde spielte, es in seiner eigenen Umgebung aufsuchte und alle seine näheren Lebensumstände kennenzulernen suchte. Frau *Melanie Klein* ersetzte, wie ihre Publikationen schildern, die Einfallstechnik beim Erwachsenen durch eine Spieltechnik beim Kinde. Sie ging von der Voraussetzung aus, daß dem kleinen Kinde das Agieren angemessener ist als das Reden. Sie stellte ihm darum eine Menge winzigen Spielzeugs, also eine Welt im kleinen, zur Verfügung, und schaffte ihm so die Möglichkeit, in dieser Spielwelt zu handeln. Alle Aktionen, die das Kind auf diese Weise ausführte, stellte sie den gesprochenen Einfällen des Erwachsenen gleich und begleitete sie mit Deutungen, so wie wir das dem erwachsenen Patienten gegenüber zu tun gewohnt sind. Es scheint uns auf den ersten Blick, als wäre damit eine empfindliche Lücke in der Technik der Kinderanalyse in einwandfreier Weise ausgefüllt. Ich möchte mir aber vorbehalten, im nächsten Kapitel diese Spieltechnik auf ihre theoretischen Grundlagen hin zu untersuchen und zu dem letzten Punkt unseres diesmaligen Themas, der Rolle der Übertragung in der Kinderanalyse in Beziehung zu setzen.

3 Die Rolle der Übertragung in der Kinderanalyse

Ich erlaube mir, den Inhalt des letzten Kapitels noch einmal in wenigen Worten zusammenzufassen:

Wir haben unsere Aufmerksamkeit auf die Mittel der Kinderanalyse gerichtet, haben erfahren, daß wir genötigt sind, die Krankengeschichte aus den Angaben der Familie zusammenzustellen, anstatt uns ausschließlich auf die Auskünfte des Patienten zu verlassen, haben das Kind als guten Traumdeuter kennengelernt und die Bedeutung von Tagesphantasien und freien Zeichnungen als technische Mittel gewürdigt. Dagegen mußte ich zeigen, daß das Kind nicht geneigt ist, sich auf freies Assoziieren einzulassen, und uns durch diese Weigerung nötigt, einen Ersatz für dieses wichtigste Hilfsmittel der Erwachsenenanalyse zu suchen. Bei der Schilderung einer dieser Ersatzmethoden machte ich schließlich halt, um ihre theoretische Würdigung erst jetzt durchzuführen.

Die von *Melanie Klein* ausgearbeitete Spieltechnik hat ohne Zweifel den größten Wert für die Beobachtung des Kindes. Statt das kleine Kind mühsam und mit Zeitverlust in seine häusliche Umgebung zu verfolgen, versetzen wir die ganze ihm bekannte Welt mit einem Schlage in das Zimmer des Analytikers und lassen das Kind, unter den Augen der Analytikerin, aber vorläufig ohne ihre Einmengung, sich in ihr bewegen. Wir haben so Gelegenheit, seine verschiedenen Reaktionen kennenzulernen, die Stärke seiner Aggressionsneigung oder seiner Mitleidsfähigkeit, sowie seiner Einstellung zu verschiedenen Objekten und Personen, die durch die Figuren dargestellt werden. Als Vorteil gegen eine Beobachtung in den Verhältnissen der Wirklichkeit kommt noch hinzu, daß diese Spielzeugumgebung handlich und dem Willen des Kindes unterworfen ist, daß es also an ihr alle Aktionen ausführen kann, die in der wirklichen Welt, ihrer dem Kind gegenüber übermächtigen Größe und Stärke wegen, auf eine bloße Phantasieexistenz beschränkt bleiben. Alle diese Vorzüge machen uns die Verwendung der Kleinschen Spielmethode für das Kennenlernen des kleinen Kindes, dem der sprachliche Ausdruck noch nicht angemessen ist, so gut wie unentbehrlich.

Melanie Klein geht aber in der Verwendung dieser Technik noch einen wichtigen Schritt weiter. Sie beansprucht für jeden dieser Spieleinfälle des Kindes dieselbe Stellung wie für den freien Einfall des erwachsenen Patienten und übersetzt fortlaufend die Aktionen, die das Kind auf solche Weise vornimmt, in die entsprechenden Gedanken, d.h. sie ist bemüht, hinter jeder spielerischen Handlung den ihr zugrunde liegenden Symbolwert aufzusuchen. Wenn das Kind einen Laternenpfahl oder eine der Figuren des Spieles umwirft, so deutet sie diese Handlung etwa auf aggressive Neigungen, die sich gegen den Vater richten, den vom Kinde herbeigeführten Zusammenprall zweier Wagen auf die Beobachtung des Geschlechtsverkehrs der Eltern. Ihre Tätigkeit besteht vor allem in einem die Handlungen des Kindes begleitenden übersetzen und Deuten, das – ähnlich wie bei der Deutung der freien Assoziationen des Erwachsenen – den weiteren Vorgängen in dem Patienten dann wieder die Richtung vorzeichnet.

Überprüfen wir aber noch einmal die Berechtigung, eine solche Spielhandlung des Kindes dem Assoziieren des Erwachsenen gleichzusetzen. Der Einfall des Erwachsenen ist zwar „frei“, d.h. der Patient hat jede bewußte Richtung und Beeinflussung seiner Gedankengänge ausgeschaltet, aber er steht doch gleichzeitig unter einer bestimmten Zielvorstellung: daß er, der so Assoziierende, sich in Analyse befindet. Dem Kinde aber fehlt diese Zielvorstellung. Ich habe ihnen zwar zu Anfang auseinandergesetzt, auf welche Weise ich mich bemühe, auch dem kindlichen Patienten, den Gedanken des analytischen Zieles nahe zu bringen. Diejenigen Kinder aber, für welche *Melanie Klein* ihre Spieltechnik ausgearbeitet hat, vor allem Kinder der ersten Periode der sexuellen Reife, sind zu jung, um auf solche Weise beeinflußt zu werden. *Melanie Klein* empfindet es auch als einen der wichtigen Vorzüge ihrer Methode, daß ihr durch sie eine solche Vorbereitung des Kindes als unnötig erspart wird. Wir hätten also hier einen Einwand, welcher gegen die von *Melanie Klein* vorgenommene Gleichsetzung spricht. Wenn aber die Spieleinfälle des Kindes nicht von der gleichen Zielvorstellung beherrscht werden wie die des Erwachsenen, so hätte man auch vielleicht kein Recht, sie jederzeit als solche zu behandeln. Statt Symbolbedeutung zu haben, könnten sie gelegentlich harmlose Erklärungen zulassen. Das Kind, das den Laternenpfahl umwirft, könne tags vorher auf seinem Spaziergang irgendein Erlebnis mit einem solchen gehabt haben, der Zusammenprall der Wagen könnte etwas auf der Straße Geschautes wiederholen und das Kind, das der Besucherin entgegenläuft und ihr das Handtäschchen öffnet, müßte nicht, wie *Melanie Klein* meint, damit symbolisch seine Neugier ausdrücken, ob im Genitale der Mutter wieder ein neues Geschwisterchen steckt, sondern etwa an ein Erlebnis vom Vortage anknüpfen, an dem jemand Eintretender ihm in einem ähnlichen Täschchen ein kleines Geschenk mitgebracht hat. Auch beim Erwachsenen halten wir uns ja nicht für berechtigt, jeder seiner Handlungen oder Einfälle einen symbolischen Sinn unterzulegen, sondern nur den unter dem Einfluß der von ihm akzeptierten analytischen Situation entstandenen.

Aber der Einwand, den wir auf diese Weise gegen die analytische Verwendung der *Klein*schen Technik vorbringen, läßt sich doch möglicherweise von der anderen Seite her wieder entkräften. Es stimmt zwar, könnte man sagen, daß das Spiel des Kindes auch die eben angeführte harmlose Deutung zuläßt. Warum aber wiederholt es dann gerade die aus seinem Erleben genommene Szene mit dem Laternenpfahl oder den beiden Wagen? War es nicht schon die Symbolbedeutung, die hinter dieser Beobachtung steckte, welche ihr jetzt in der analytischen Stunde vor anderen den Vorzug gibt und sie zur Reproduktion bringt? Es stimmt auch, ginge es dann weiter, daß dem Kinde bei seinen Aktionen die Zielvorstellung der analytischen Situation fehlt, welche den Erwachsenen leitet. Aber vielleicht bedarf es ihrer gar nicht. Der Erwachsene muß mit einer bewußten Willensanstrengung die Leitung seiner Gedanken ausschalten und ihre Beeinflussung ganz den in ihm wirksamen unbewußten Regungen überlassen. Das Kind braucht aber möglicherweise gar keine solche willkürliche Veränderung seiner Situation. Es ist vielleicht jederzeit und in jedem Spiel ganz der Herrschaft seines Unbewußten überlassen.

Man sieht, die Frage, ob die Gleichsetzung des kindlichen Spieleinfalls mit dem Gedankeneinfall des erwachsenen Patienten berechtigt ist oder nicht, ist mit theoretischen Gründen und Gegengründen nicht leicht zu entscheiden. Es kommt hier offenbar auf eine Nachprüfung durch die praktische Erfahrung an.

Versuchen wir mit der Kritik noch an einem anderen Punkte anzusetzen. Außer den Aktionen, die das kleine Kind an dem ihm überlassenen Spielzeug ausführt, verwendet *Melanie Klein*, wie wir gehört haben, auch noch alle jene Vornahmen zur Deutung, die das Kind an den in ihrem Zimmer befindlichen Gegenständen oder an ihrer eigenen Person ausführt. Auch hierin folgt sie streng dem Beispiel der Erwachsenenanalyse. Wir halten uns ja für berechtigt, das ganze Verhalten, das der Patient in der Stunde uns gegenüber zeigt, sowie alle kleinen gewollten oder ungewollten Handlungen, die wir ihn ausführen sehen, in Analyse zu ziehen. Wir berufen uns dabei auf den Zustand der Übertragung, in dem er sich befindet und der auch den sonst unwichtigsten Verrichtungen eine bestimmte symbolische Bedeutung geben kann.

Hier entsteht aber die Frage, ob sich das Kind überhaupt in der gleichen Obertragungssituation befindet wie der Erwachsene, in welcher Weise und in welchen Formen seine Übertragungsregungen zur Äußerung kommen und in welcher Weise sie eine Verwendung zur Deutung zulassen. Wir sind damit bei dem vierten und wichtigsten Punkt unseres Themas angekommen, bei der *Rolle der Übertragung als technischem Hilfsmittel in der Kinderanalyse.* Die Entscheidung dieser Frage wird dann gleichzeitig neues Material zur Entkräftung oder Bestätigung der Kleinschen Auffassungen liefern.

Ich erinnere daran, wieviel Mühe ich mir gegeben habe, um in dem Kinde eine starke Bindung an mich herzustellen und es in ein wirkliches Abhängigkeitsverhältnis zu mir zu bringen. Ich hätte diese Absicht nicht mit solcher Energie und mit so mannigfachen Mitteln verfolgt, wenn ich es für möglich hielte, die Kinderanalyse auch ohne eine solche Übertragung durchzuführen. Aber die zärtliche Bindung, die positive Übertragung, wie der analytische Terminus es nennt, ist die Vorbedingung für alle spätere Arbeit. Das Kind geht ja noch weiter als der Erwachsene darin, daß es nur den geliebten Personen auch glaubt und nur dort etwas leistet, wo diese Leistung jemandem zuliebe vollführt wird.

Die Kinderanalyse braucht sogar noch ungleich mehr von dieser Bindung als die der Erwachsenen. Sie verfolgt neben der analytischen Absicht auch ein Stück Erziehungsabsicht, mit dem wir uns später noch eingehend beschäftigen werden. Der Erziehungserfolg steht und fällt aber jederzeit – nicht nur in der Kinderanalyse – mit der Gefühlsbindung des Zöglings an den Erziehenden. Wir können in der Kinderanalyse auch nicht sagen, daß die Herstellung einer Übertragung an und für sich unserer Absicht genügt, gleichgültig, ob sie zärtlicher oder feindseliger Natur ist. Wir wissen, daß wir bei dem Erwachsenen lange Strecken hindurch mit einer negativen Übertragung auskommen können, die wir durch konsequente Deutung und Zurückführung auf ihre Ursprünge für unsere Zwecke verwerten. Bei dem Kinde aber sind uns die auf den Analytiker gerichteten negativen Regungen – so aufschlußreich sie in mancher Beziehung sein können – vor allem unbequem. Wir werden sie sobald wie möglich abbauen und abschwächen. Die eigentlich fruchtbringende Arbeit wird immer in der positiven Bindung vor sich gehen.

Die Herstellung der zärtlichen Bindung haben wir bei der Besprechung der Einleitung der Analyse ausführlich geschildert. Ihre Äußerung in Phantasien und kleinen oder größeren Aktionen unterscheidet sich in fast nichts von den gleichen Vorgängen beim erwachsenen Patienten. Die negativen Äußerungen bekommen wir an allen jenen Punkten zu spüren, wo wir einem Stück verdrängten Materials zur Befreiung aus dem Unbewußten verhelfen wollen und damit den Widerstand des Ichs auf uns ziehen. Wir erscheinen dem Kind in diesem Augenblick als der gefährliche und gefürchtete Versucher und ziehen alle Äußerungen von Haß und Ablehnung auf uns, mit denen es sonst seinen eigenen verpönten Triebregungen begegnet.

Ich gebe im folgenden ausführlich eine zärtliche Übertragungsphantasie der schon mehrfach genannten kleinen zwangsneurotischen Patientin wieder. Den äußeren Anlaß dazu hatte ich offenbar selbst gegeben, denn ich hatte sie in ihrem Haus besucht und war bei ihrem abendlichen Bad anwesend geblieben. Ihre Stunde am nächsten Tag begann sie mit den Worten: „Du hast mich in meinem Bad besucht und nächstes Mal werde ich kommen und dich in deinem Bad besuchen." Eine Weile darauf erzählte sie mir den Tagtraum, den sie vor dem Einschlafen im Bett ausgedacht hatte, nachdem ich fortgegangen war. Ihre eigenen erklärenden Randbemerkungen setze ich in Klammern hinzu:

„*Alle reichen Leute konnten dich nicht leiden. Und dein Vater, der sehr reich war, konnte dich auch nicht leiden.* (Das heißt, ich bin böse auf deinen Vater, glaubst du nicht?) *Und du hast niemanden gern gehabt und hast niemandem Stunde gegeben. Und meine Eltern haben mich gehaßt und Hans und Walter und Annie haben mich auch gehaßt und alle Leute in der Welt haben uns gehaßt, sogar die Leute, die uns nicht gekannt haben, sogar die toten Leute. So hast du nur mich gern gehabt und ich nur dich und wir sind immer beisammen geblieben. Alle anderen waren sehr reich, aber wir beide waren ganz arm. Wir haben nichts gehabt, nicht einmal Kleider, denn sie haben uns alles weggenommen. Nur das Sofa ist im Zimmer geblieben und auf dem haben wir beide geschlafen. Wir waren aber sehr glücklich miteinander. Und dann haben wir gemeint, wir sollten ein Baby bekommen. So haben wir Groß und Klein zusammengemischt, um ein Baby zu machen. Aber dann haben wir gedacht, das ist nicht hübsch, daraus ein Baby zu machen. So haben wir angefangen, Blumenblätter und andere Dinge zu mischen, und das hat mir ein Baby gegeben. Denn das Baby war in mir. Es ist ziemlich lange in mir geblieben* (meine Mutter hat mir erzählt, daß die Babys sehr lange in ihren Müttern bleiben) *und dann ist ein Doktor gekommen und hat es herausgenommen. Ich war aber gar nicht krank* (gewöhnlich sind die Mütter krank, hat meine Mutter gesagt). *Das Baby war sehr süß und herzig und so haben wir gedacht, wir möchten auch so herzig sein und haben uns verwandelt, so daß wir ganz klein waren. Ich war so groß* T *und du warst so groß* T. (Ich glaube, das kommt daher, daß wir herausgefunden haben, ich möchte gern so klein sein wie Walter und Annie.) *Und weil wir gar nichts gehabt haben, haben wir angefangen ein Haus zu bauen, ganz aus Rosenblättern und Betten aus Rosenblättern und Kissen und Matratzen, alle aus zusammengenähten Rosenblättern. Wo kleine Löcher geblieben sind, haben wir etwas Weißes hineingesteckt. Statt Tapeten hatten wir das allerdünnste Glas, und die Wände waren geschnitzt mit verschiedenen Mustern. Auch die Sessel waren aus Glas, wir waren aber so leicht, daß wir nicht zu schwer für sie waren.*" (Ich glaube, meine Mutter kommt gar nicht vor, weil ich gestern mit ihr böse war.)

Es folgt dann noch eine detaillierte Beschreibung der Möbelstücke und aller anderen für das Haus angefertigten Dinge. Sie spann den Tagtraum offenbar in dieser Richtung weiter aus, bis sie einschlief. Sie legt dabei besonderen Wert darauf, daß unsere anfängliche Armut schließlich ganz wettgemacht war und daß wir dann viel hübschere Sachen hatten als alle zuerst angeführten reichen Leute.

Die gleiche Patientin erzählt aber zu anderen Zeiten, wie sie von innen her vor mir gewarnt wird. Es sagt in ihr: „Glaub der Anna Freud nicht. Sie lügt. Sie wird dir nicht helfen und dich nur schlechter machen. Sie wird auch dein Gesicht verändern, so daß du häßlicher bist. Alles, was sie sagt, ist nicht wahr. Sei jetzt müde, bleib ruhig im Bett liegen und geh heute nicht zu ihr." Sie weist diese Stimme aber dann immer zur Ruhe und sagt, das soll alles erst in der Stunde gesagt werden.

Eine andere kleine Patientin sieht mich zur Zeit, da wir ihre Onanie besprechen, in allen möglichen herabsetzenden Gestalten als Bettlerin, als arme alte Frau, einmal auch nur mich selbst, in der Mitte meines Zimmers stehend, während lauter Teufel wild um mich herumtanzen.

Sie sehen also, wir werden wie beim Erwachsenen zur Zielscheibe, auf die sich je nach den Umständen die freundlichen oder feindseligen Regungen des Patienten richten. Wir würden nach diesen Beispielen sagen, das Kind macht eine gute Übertragung. Trotzdem steht uns gerade auf diesem Gebiet wieder eine enttäuschende Überraschung bevor: das Kind unterhält zwar die lebhaftesten Beziehungen zum Analytiker, es äußert auch in ihnen eine Menge von Reaktionen, welche es in der Beziehung zu seinen eigenen Eltern erworben hat, es gibt uns in dem Wechsel, der Intensität und der Äußerung seiner Gefühle die wichtigsten Hinweise auf die Gestaltung seines Charakters; aber es bildet keine Übertragungsneurose.

Sie wissen alle, was ich darunter verstehe. Der erwachsene Neurotiker verwandelt im Laufe der analytischen Behandlung allmählich die Symptome, um derentwillen er die Kur aufgesucht hat. Er gibt die alten Objekte auf, an denen seine Phantasien bisher festgehalten haben und zentriert seine Neurosen neu um die Person des Analytikers. Wir sagen, er ersetzt seine bisherigen Symptome durch Übertragungssymptome, führt seine bisherige Neurose, welcher Art sie auch war, in eine Übertragungsneurose über und spielt nun im Verhältnis zu der neuen Übertragungsperson, zum Analytiker, alle seine abnormen Reaktionen ab. Auf diesem neuen Boden, auf dem der Analytiker sich heimisch fühlt, auf dem er die Entstehung und das Wachsen der einzelnen Symptome gemeinsam mit dem Patienten verfolgen konnte, auf diesem gereinigten Operationsfeld also, geht dann der Endkampf, die allmähliche Einsicht in die Krankheit und die Aufdeckung der unbewußten Inhalte vor sich.

Wir können zwei theoretische Gründe dafür angeben, warum dieser Ablauf beim kleinen Kinde nicht ohneweiters herbeigeführt werden kann. Der eine ist in der Struktur des Kindes selbst, der andere im Kinderanalytiker zu suchen.

Das Kind ist nicht wie der Erwachsene bereit, eine Neuauflage seiner Liebesbeziehungen vorzunehmen, weil – so könnte man sagen – die alte Auflage noch nicht vergriffen ist. Seine ursprünglichen Objekte, die Eltern, sind noch in Wirklichkeit, nicht wie beim erwachsenen Neurotiker in der Phantasie, als Liebesobjekte vorhanden, zwischen ihnen und dem Kind bestehen alle Relationen des täglichen Lebens, alle Befriedigungen und Enttäuschungen werden noch realiter an ihnen erlebt. Der Analytiker tritt als eine neue Person in diese Situation ein, er wird sich wahrscheinlich mit den Eltern in die Liebe oder den Haß des Kindes zu teilen haben. Es besteht aber für das Kind keine Nötigung, ihn ohneweiters mit den Eltern zu vertauschen, er bietet, den ursprünglichen Objekten gegenüber, nicht alle jene Vorteile, die der Erwachsene findet, wenn er seine Phantasieobjekte gegen einen wirklichen Menschen vertauschen darf.

Greifen wir hier auf die *Klein*sche Methode zurück. *Melanie Klein* meint, wenn ein Kind ihr in der ersten Stunde feindselig begegnet, sich abweisend verhält oder sogar nach ihr zu schlagen beginnt, so könne man darin einen Beweis für die ambivalente Einstellung des Kindes gegen seine Mutter sehen. Die feindselige Komponente dieser Ambivalenz wird eben auf die Analytikerin verschoben. Aber ich meine, der Sachverhalt liegt anders. Je zärtlicher das kleine Kind an seine eigene Mutter gebunden ist, desto weniger freundliche Regungen hat es für fremde Personen übrig. Wir sehen das am deutlichsten beim Säugling, der gegen jeden, der nicht die Mutter oder Pflegeperson ist, nur ängstliche Ablehnung zeigt. Ja, es ist sogar umgekehrt. Gerade mit

Kindern, die vom Hause her an wenig liebevolle Behandlung gewöhnt sind und keine starke Zärtlichkeit zu äußern oder zu empfangen gewöhnt sind, stellt sich oft auf kürzestem Wege ein positives Verhältnis her. Sie bekommen eben endlich vom Analytiker, was sie von den ursprünglichen Objekten seit jeher vergeblich erwartet haben.

Anderseits aber eignet sich der Kinderanalytiker auch wenig zum Gegenstand einer gut deutbaren Übertragung. Wir wissen, auf welche Weise wir uns in der Erwachsenenanalyse zu diesem Zwecke verhalten. Wir bleiben unpersönlich, schattenhaft, ein leeres Blatt, auf das der Patient alle seine Übertragungsphantasien eintragen kann, etwa in der Weise wie man im Kinematographen ein Bild auf eine leere Leinwand wirft. Wir vermeiden es, Verbote zu geben oder Befriedigungen zu gewähren. Erscheinen wir trotzdem dem Patienten als Verbietende oder Gewährende, so ist es leicht ihm selbst klarzumachen, daß er das Material dafür aus seiner eigenen Vergangenheit herholt.

Der Kinderanalytiker aber darf alles andere eher sein als ein Schatten. Wir haben bereits gehört, daß er für das Kind eine interessante Person ist, mit allen imponierenden und anziehenden Eigenschaften ausgestattet. Die erziehlichen Aufgaben, die sich mit der Analyse mischen, bringen es mit sich, daß das Kind sehr genau weiß, was dem Analytiker erwünscht oder unerwünscht scheint, was er billigt oder mißbilligt. Eine solche klar umrissene und in vielen Hinsichten neuartige Persönlichkeit ist aber leider ein schlechtes Übertragungsobjekt, d.h. wenig brauchbar, wo es auf die Deutung der Übertragung ankommt. Die Schwierigkeit, die hier entsteht, ist die gleiche, um in dem vorigen Vergleich zu bleiben, wie wenn wir auf der Leinwand, auf die das Bild projiziert werden soll, schon ein Gemälde aufgetragen finden. Je reichhaltiger und farbenschöner es ist, desto mehr wird es dazu beitragen, daß sich die Linien des Daraufgeworfenen verwischen.

Das Kind bildet also aus diesen Gründen keine Übertragungsneurose. Trotz aller zärtlichen und feindseligen Regungen gegen den Analytiker spielt es seine abnormen Reaktionen weiter dort ab, wo sie vorher abgespielt wurden: in der häuslichen Umgebung. Daraus ergibt sich aber die schwerwiegende technische Forderung für die Kinderanalyse, daß sie, statt sich auf die analytische Aufklärung dessen zu beschränken, was sich unter den Augen des Analytikers in Einfällen oder in Aktionen ereignet, ihre Aufmerksamkeit dorthin zu richten hat, wo die neurotischen Reaktionen zu finden sind: also auf das Haus des Kindes. Damit sind wir aber bei einer Unsumme von praktisch-technischen Schwierigkeiten der Kinderanalyse angelangt, die ich hier nur vor Ihnen ausbreiten möchte, anstatt Sie wirklich in sie einzuführen. Wir sind, wenn wir auf diesem Standpunkt stehen, auf einen ständigen Nachrichtendienst über das Kind angewiesen, wir müssen die Personen seiner Umwelt kennen und ihrer Reaktionen gegen das Kind in einem gewissen Maße sicher sein. Wir machen, wenn wir uns hier den idealen Fall ausmalen wollen, eine mit den wirklichen Erziehern des Kindes geteilte Arbeit; dazu paßt es, daß wir, wie vorher auseinandergesetzt, auch die Liebe oder den Haß des Kindes mit ihnen zu teilen haben.

Wo die äußeren Verhältnisse oder die Personen der Eltern ein solches gemeinsames Handeln nicht zustande kommen lassen, bekommen wir den Erfolg als Entgang an Material in der Analyse zu spüren. Ich erinnere mich an Kinderanalysen, die ich aus solchen Gründen fast ausschließlich an Hand der Träume und Tagträume durchgeführt habe. In der Übertragung ging nichts Deutbares vor und von dem in den Symptomen zutage tretenden neurotischen Material ging mehr, als mir lieb war, verloren.

Nun gibt es aber auch in diesem Punkt, ähnlich wie bei der Anfangssituation der Analyse, Mittel und Wege, um die Lage beim Kinde der zur Durchführung der Analyse so viel besser geeigneten des Erwachsenen anzugleichen, um also das Kind zu einer Übertragungsneurose zu zwingen. Das wird etwa dort notwendig werden, wo es sich um eine schwere neurotische Erkrankung in einem der Analyse oder dem Kinde feindselig gegenüberstehenden Milieu handelt. Es wird in diesem Fall notwendig sein, das Kind aus der Familie zu entfernen und in irgendeiner geeigneten Institution unterzubringen. Da es solche Institutionen derzeit noch nicht gibt, haben wir die volle Freiheit, sie uns vorzustellen, also etwa als eine Anstalt, welcher der Kinderanalytiker selber vorsteht, oder – weniger phantastisch – eine Schule, welche von analytischen Prinzipien beherrscht und auf die gemeinsame Arbeit mit dem Analytiker abgestimmt ist. In beiden Fällen bekämen wir zu allererst eine symptomfreie Zeit, in welcher das Kind sich in der neuen, günstigen und vorläufig indifferenten Umgebung einlebt. Je wohler es sich in dieser Periode fühlt, desto ungeeigneter und unwilliger zur Analyse werden wir es finden. Wir werden es wahrscheinlich zu dieser Zeit am besten ganz in Ruhe lassen. Erst wenn es sich eingelebt hat, d. h., wenn es unter dem Einfluß des realen täglichen Lebens eine Bindung an die neue Umgebung gemacht hat, neben der die ursprünglichen Objekte allmählich verblassen, wenn es dann in dieser neuen Umwelt seine Symptome wieder aufleben läßt und seine abnormen Reaktionen um neue Personen gruppiert, wenn es also seine Übertragungsneurose gebildet hat, wird es wieder analysierbar. In der Anstalt der ersteren Art, welcher der Kinderanalytiker vorstünde, – wir können heute noch nicht einmal beurteilen, ob eine solche Form wünschenswert ist, – würde es sich dann um eine wirkliche Übertragungsneurose im Sinne des Erwachsenen handeln, in deren Mittelpunkt der Analytiker als Objekt steht. Im anderen Fall hätten wir uns einfach künstlich die häusliche Umgebung verbessert, hätten also ein Ersatzhaus geschaffen, das uns, wie es uns für die analytische Arbeit notwendig erscheint, sozusagen von oben hineinschauen läßt, und dessen Reaktionen gegen das Kind wir kontrollieren und regulieren können.

So erschiene uns technisch die Entfernung des Kindes aus dem Elternhause als die praktischste Lösung. Sie werden aber, wenn wir vom Ende der Analyse sprechen, noch hören, wie viele Bedenken sich gerade gegen sie erheben. Wir greifen mit ihr der natürlichen Entwicklung in einem wichtigen Punkte vor, wir erzwingen die vorzeitige Ablösung des Kindes von den Elternobjekten, zu einer Zeit, wo es weder zu irgendeiner Selbständigkeit seines Gefühlslebens befähigt ist, noch den äußeren Umständen zufolge irgendeine Freiheit in der Wahl neuer Liebesobjekte zur Verfügung hat. Selbst wenn wir für die Kinderanalyse sehr lange Zeiträume in Anspruch nehmen, so bleibt doch in den meisten Fällen zwischen ihrer Beendigung und der Pubertätsentwicklung noch ein unausgefüllter Zeitraum, in dem das Kind in jedem Sinne der Erziehung, der Leitung und des Schutzes bedarf. Wer aber gibt uns irgendeine Sicherheit, daß es, nachdem uns die Ablösung der Übertragung geglückt ist, von selber den Weg zu den richtigen Objekten findet? Es kehrt also zu einer Zeit ins Elternhaus zurück, in der es dort ein Fremder geworden ist, seine weitere Leitung ist jetzt vielleicht Menschen anvertraut, von denen wir es vorher mit Mühe und Gewalt gelöst haben. Zu einer Selbständigkeit ist es aus inneren Gründen nicht fähig. Wir stellen es damit in eine neue schwierige Situation, in der es außerdem die meisten seiner ursprünglichen Konfliktbedingungen wiederfindet. Nun kann es entweder den einmal begangenen Weg in die Neurose noch einmal gehen, oder aber, wenn ihm dieser durch die gut gelungene analytische Kur versperrt ist, den entgegengesetzten: in die offene Rebellion. Das mag vom Standpunkt der Krankheit aus gesehen ein Vorteil sein, vom Standpunkt der sozialen Einordnung, auf die es beim Kinde letzten Endes ja ankommt, ist es gewiß keiner.

4 Das Verhältnis der Kinderanalyse zur Erziehung

Vor dem dritten und vielleicht wichtigsten Schritt in die Kinderanalyse will ich zuerst noch einmal zurückgreifen. Der erste Abschnitt beschäftigte sich mit der Einleitung der Kinderbehandlung. Wir können sagen, sein Inhalt ist, vom Standpunkt der analytischen Theorie aus gesehen, völlig gleichgültig. Ich habe alle diese kleinlichen, kindischen und kindlichen Handlungen und Beschäftigungen, das Häkeln, Spielen und Stricken, alle diese verschiedenen Arten der Werbung, nicht deshalb in solcher Breite vorgeführt, weil ich sie für so wichtig für die Analyse halte, sondern ganz im Gegenteil, um zu zeigen, was für ein sprödes Objekt das Kind ist, wie es sich weigert, auch den bewährtesten Mitteln einer wissenschaftlichen Therapie zu entsprechen und durchaus verlangt, daß man ihm seiner eigenen kindlichen Eigenart entsprechend entgegenkommt. Was immer wir mit einem Kinde beginnen, ob wir es in Rechnen oder Geographie unterrichten, ob wir es erziehen oder analysieren wollen, jedesmal müssen wir zuerst ein ganz bestimmtes Gefühlsverhältnis zwischen uns und dem Kinde herstellen. Je schwerer die Arbeit ist, die wir vorhaben, desto tragfähiger muß wohl diese Bindung sein. Die Einleitung der Behandlung, d.h. die Herstellung dieser Bindung, folgt also ihren eigenen, von dem Wesen des Kindes bestimmten, von der analytischen Theorie und Technik vorläufig unabhängigen Regeln. – Der zweite Abschnitt meiner Ausführungen war dann der eigentlich analytische, in dem ich bemüht war, eine übersicht über die Wege zu geben, auf denen man dem Unbewußten des Kindes naherücken kann. Enttäuschend war er, wie ich wohl gemerkt habe, insofern, als er zeigte, daß gerade die besten und meist spezifischen Mittel der Erwachsenenanalyse für die Behandlung des Kindes unverwendbar sind, daß wir von vielen Forderungen der Wissenschaftlichkeit abrücken müssen und uns unser Material herholen, wo wir es eben bekommen können, nicht viel anders, als es auch sonst im gewöhnlichen Leben zugeht, wenn wir einen Menschen bis in seine Intimitäten kennenlernen wollen. Die Enttäuschung, meine ich, bezieht sich hier auch noch auf einen anderen Punkt. Ich bin, seitdem ich mich mit der Kinderanalyse beschäftige, häufig von analytischen Kollegen gefragt worden, ob ich nicht Gelegenheit hätte, in ganz anderer Weise, als es in der Erwachsenenanalyse möglich ist, den Entwicklungsvorgängen der ersten beiden Lebensjahre nahezukommen, auf die sich unsere analytischen Aufdeckungsbemühungen ja immer dringlicher richten. Das Kind, meinten sie, stehe dieser wichtigen Periode noch um so vieles näher, alle Verdrängungen müßten noch um so vieles weniger scharf ausgeprägt sein, das Material, das diese Schichten überlagert, noch um so vieles leichter zu durchdringen, daß sich da vielleicht ungeahnte Möglichkeiten zur Erforschung bieten könnten. Ich mußte diese Frage bisher immer verneinend beantworten. Das Material, welches das Kind uns liefert, ist zwar, wie vielleicht schon aus den kleinen mitgeteilten Beispielen zu sehen war, besonders klar und eindeutig. Es gibt uns alle möglichen Aufschlüsse über die Inhalte der kindlichen Neurose, deren Darstellung an anderer Stelle ich mir noch vorbehalte. Es bringt uns viele sehr willkommene Bestätigungen von Tatsachen, die wir bisher nur durch Rückschluß aus der Analyse der Erwachsenen behaupten konnten. Aber so weit meine bisherigen Erfahrungen mit der von mir geschilderten Technik reichen, führt es uns nicht hinter die Grenze, an der die Sprechfähigkeit des Kindes beginnt, jene Zeit also, von der an sein Denken sich dem unseren angleicht. Theoretisch scheint mir diese Einschränkung nicht schwer zu verstehen. Was wir in der Analyse der Erwachsenen über diese Vorzeit erfahren, wird ja gerade durch die freie Assoziation und die Deutung der Übertragungsreaktionen zutage gefördert, mit Hilfe jener beiden Mittel also, die uns in der Kinderanalyse im Stiche lassen. Außerdem aber ließe sich unsere Situation hier mit der des Ethnologen vergleichen, der auch vergeblich versuchen würde, bei einem primitiven Volk auf kürzerem Wege Aufschlüsse über die Prähistorie zu bekommen, als sie durch das Studium des Kulturvolkes zu haben sind. Im Gegenteil: Er wird bei den Primitiven alle jene Hilfen der Mythen- und Sagenbildung vermissen, die ihm beim Kulturvolk den Rückschluß auf die geschichtliche Vorzeit erlauben. So fehlen uns auch bei dem kleinen Kind noch die Reaktionsbildungen und Deckerinnerungen, die erst im Laufe der Latenzperiode gebildet werden und aus denen dann die spätere Analyse das in ihnen verdichtete Material gewinnen kann. Statt also etwas vor der Erwachsenenanalyse vorauszuhaben, steht die Kinderanalyse auch in diesem Punkte, in der Gewinnung des unbewußten Materials hinter ihr zurück.

Und nun zu dem dritten und letzten Abschnitt dieser Darlegungen: der Verwendung des analytischen Materials, das wir nach so mühsamer Vorbereitung und auf all den hier geschilderten Wegen und Umwegen zutage gefördert haben.

Betrachten wir wieder zuerst mit einiger Ausführlichkeit die entsprechende Sachlage beim erwachsenen Patienten. Seine Neurose ist, wie wir wissen, eine durchaus innere Angelegenheit. Sie spielt sich zwischen drei Faktoren ab, seinem triebhaften Unbewußten, seinem Ich und seinem Über-Ich, das die ethischen und ästhetischen Forderungen der Gesellschaft repräsentiert. Die Aufgabe der Analyse ist es, durch die Bewußtmachung des Unbewußten den Konflikt zwischen diesen Mächten auf ein anderes Niveau zu heben. Die Triebregungen waren bisher durch den Zustand der Verdrängung dem Einfluß des Über-Ichs entzogen. Die Analyse befreit sie und macht sie dem Einfluß des Über-Ichs zugänglich, von dem jetzt ihr weiteres Schicksal bestimmt wird. An Stelle der Verdrängung tritt die bewußte Kritik, die Verwerfung des einen Anteils, während die anderen teils sublimiert, von ihren sexuellen Zielen abgelenkt, teils zur Befriedigung zugelassen werden können. Dieser neue günstige Ausgang wäre dann dem Umstand zu verdanken, daß das Ich des Patienten von der Zeit, in der er seine ursprünglichen Verdrängungen vorgenommen hatte, bis zu der, in der die Analyse ihre Befreiungsarbeit ausführt, seine ganze ethische und intellektuelle Entwicklung durchgemacht hat, daß es also imstande ist, seine Entscheidungen jetzt anders zu treffen, als sie damals ausgefallen sind. Das Triebleben muß sich vielerlei Einschränkungen gefallen lassen und das Über-Ich manche seiner übertriebenen Ansprüche aufgeben. Auf dem gemeinsamen Boden bewußtseinsfähiger Tätigkeit kommt jetzt eine Synthese zwischen den beiden zustande.

Und nun vergleichen wir damit die Verhältnisse beim kindlichen Patienten. Auch die Neurose des Kindes ist allerdings eine innere Angelegenheit, auch sie wird von denselben drei Mächten, dem Triebleben, dem Ich und seinem Über-Ich bestimmt. Aber wir sind schon an zwei Punkten darauf vorbereitet worden zu finden, daß beim Kinde die Außenwelt als ein zwar für die Analyse unbequemer aber organisch wichtiger Faktor weit in seine inneren Verhältnisse hineinragt: bei Besprechung der Anfangssituation der Kinderanalyse waren wir genötigt, ein so wichtiges Stück wie die Krankheitseinsicht gar nicht dem Kinde, sondern vor allem seiner Umgebung zuzuschreiben, und in der Beschreibung der Übertragungssituation stellte sich heraus, daß der Analytiker genötigt ist, sich mit den bisherigen Objekten des Kindes in die verfügbaren Haß- und Liebesregungen zu teilen. Wir sind also nicht überrascht, daß die Außenwelt auch in den Mechanismus der infantilen Neurose und Analyse weiter hineinreicht als beim Erwachsenen.

Wir sagten oben, das Über-Ich des erwachsenen Individuums sei zum Vertreter der moralischen Anforderungen der das Individuum umgebenden Gemeinschaft geworden. Wir wissen, es verdankt seine Entstehung der Identifizierung mit den ersten und wichtigsten Liebesobjekten des Kindes, den Eltern, denen wieder von der Gesellschaft die Aufgabe übertragen worden war, die in ihr gültigen ethischen Forderungen bei dem Kinde durchzusetzen und die von ihr verlangten Triebeinschränkungen zu erzwingen. Was also ursprünglich eine persönliche, von den Eltern ausgehende Anforderung war, wird erst im Laufe des Fortschrittes von der Objektliebe zu den Eltern zur Identifizierung mit ihnen zu einem von der Außenwelt und reinen Vorbildern unabhängigen Ichideal.

Beim Kinde aber ist von einer solchen Unabhängigkeit noch gar keine Rede. Die Ablösung von den geliebten ersten Objekten liegt noch in der Ferne, die Identifizierungen werden, bei erhaltener Objektliebe, erst langsam und stückweise vollzogen. Ein Über-Ich ist zwar vorhanden und viele der Beziehungen zwischen ihm und dem Ich erscheinen schon in diesen frühen Zeiten denen des späteren, reifen Lebens analog. Die ständigen Wechselbeziehungen zwischen diesem Über-Ich und den Objekten, denen es seine Herstellung verdankt, sind aber nicht zu übersehen, wir könnten sie mit denen zwischen zwei kommunizierenden Gefäßen vergleichen. Steigern sich die guten Beziehungen zu den Elternobjekten in der Außenwelt, so steigt damit auch das Ansehen des Über-Ichs und die Energie, mit der es seine Ansprüche durchsetzt. Verschlechtern sich diese Beziehungen, so wird auch das Über-Ich schwächer.

Nehmen wir das kleinste Kind zum ersten Beispiel. Wenn es einer Mutter oder Pflegeperson gelingt, das kleine Kind nach dem ersten Lebensjahr an die Beherrschung seiner Exkretionsvorgänge zu gewöhnen, so gewinnen wir auch bald den Eindruck, daß das Kind diese Forderung der Reinlichkeit nicht nur für den Erwachsenen, also der Pflegeperson zuliebe oder aus Angst vor ihr erfüllt, sondern daß es selber eine Beziehung zu ihr gewinnt, daß es sich selber über seine Reinlichkeit freut oder sich kränkt, wenn ihm in dieser Beziehung ein Malheur passiert. Wir bemerken immer wieder, daß eine darauffolgende Trennung von der Person, welche es diese Reinlichkeit gelehrt hat, also eine zeitweilige Entfernung der Mutter oder ein Wechsel der Kinderfrau, die Neuerwerbung völlig in Frage stellt. Das Kind wird wieder so schmutzig, wie es vor der Reinlichkeitserziehung gewesen war, und erlernt das einmal schon Beherrschte erst wieder, wenn die Mutter zurückkehrt oder auch an die neue Kinderfrau eine Bindung hergestellt ist. Trotzdem war der Eindruck, daß das Kind den Anspruch der Reinlichkeit schon an sich selbst gestellt hatte, keine volle Täuschung. Die Forderung ist vorhanden, sie ist dem Kinde aber nur wertvoll, wenn die für ihre Aufstellung maßgebende Person als Objekt in der Außenwelt erhalten bleibt. Wo es die Objektbeziehung verliert, verliert es auch die Freude am Erfüllen des Anspruchs.

Aber auch zu Beginn der Latenzperiode sind die Verhältnisse noch keine anderen. Wir können viele Male aus den Analysen Erwachsener bestätigt finden, wie bedenklich für die Moral und den Charakteraufbau des Kindes jede Störung seiner Bindung an die Eltern werden kann. Verliert es die Eltern zu dieser Zeit durch Trennung irgendeiner Art oder werden sie ihm als Objekt entwertet, etwa durch eine geistige Erkrankung oder durch eine verbrecherische Handlung in seiner Schätzung herabgesetzt, so ist es in Gefahr, gleichzeitig auch sein schon in vielen Stücken aufgebautes Ober-Ich zu verlieren und zu entwerten, so daß es seinen nach Befriedigung drängenden Triebregungen weiter keine wirksame innere Macht entgegensetzen kann. Die Entstehung mancher Dissozialitäten und Charakterabnormitäten ließe sich vielleicht von hier aus erklären.

Ich füge zur Charakterisierung dieser Verhältnisse zu Ende der Latenzperiode auch noch ein kleines Beispiel aus der Analyse eines in der Vorpubertät stehenden Knaben hinzu. Ich fragte ihn einmal zu Beginn der Behandlung aus irgendeinem Anlaß, ob er etwas von Gedanken wüßte, die man lieber nicht denken würde. Er meinte: „Ja, wenn man etwas stehlen will." Ich bat ihn um die Schilderung eines solchen Erlebnisses. Er sagte: „Wenn ich z. B. allein zu Hause bin und es ist Obst da. Aber die Eltern sind fortgegangen und haben mir von dem Obst nichts gegeben. Da muß ich mir immer denken, jetzt möchte ich etwas davon nehmen. Aber dann denke ich etwas anderes, denn ich will nicht stehlen." Ich fragte, ob er immer stärker sei als solche Gedanken. Er bejahte das, er hätte noch nie etwas gestohlen. „Wenn deine Gedanken aber einmal sehr stark sind", fragte ich darauf, „was machst du dann?" „Dann nehme ich doch nichts", sagte er triumphierend, „denn dann habe ich Angst vorm Vater." Sie sehen, sein Über-Ich hat eine weitgehende Unabhängigkeit erreicht, die sich in seinem eigenen Bedürfnis äußert, nicht als Dieb zu gelten. Wo die Versuchung aber zu stark wird, muß er zu seiner Unterstützung die Person zu Hilfe rufen, der diese Forderung ihr Vorhandensein verdankt, also den Vater und die von ihm ausgegangenen Warnungen und Strafandrohungen. Ein anderes Kind hätte sich an gleicher Stelle vielleicht an die Liebe zur Mutter erinnert.

Zu dieser Schwäche und Abhängigkeit der kindlichen Ich-Idealforderungen, die ich hier behaupte, paßt dann noch eine weitere Beobachtung, die sich bei näherem Hinsehen beliebig oft wiederholen läßt: das Kind hat eine doppelte Moral, eine, die für die Welt der Erwachsenen und eine andere, die für es selbst und seine Altersgenossen bestimmt ist. Wir wissen z. B. daß das Kind auf einer bestimmten Altersstufe anfängt, sich zu schämen, d. h., es vermeidet, sich vor fremden Erwachsenen, später auch vor den ihm nahestehenden, nackt zu zeigen oder seine exkrementellen Bedürfnisse vor ihnen zu verrichten. Aber wir wissen auch, daß die gleichen Kinder sich ohne jede Scham vor anderen Kindern entkleiden und gar nicht immer leicht davon abzuhalten sind, mit ihnen gemeinsam das Klosett aufzusuchen. Ebenso können wir zu unserer Überraschung feststellen, daß das Kind sich vor gewissen Dingen nur in Anwesenheit von Erwachsenen, also gleichsam unter deren Drucke ekelt, während in der Einsamkeit oder in Gesellschaft von Kindern diese Reaktion ausbleibt. Ich erinnere mich an einen zehnjährigen Knaben, der auf einem Spaziergang plötzlich auf einen Haufen Kuhdung zeigte, und interessiert ausrief: „Schau, was das Komisches ist!" Einen Augenblick nachher bemerkte er seinen Irrtum und wurde dunkelrot. Später entschuldigte er sich bei mir: er hätte nicht gleich bemerkt, was es sei, er hätte sonst niemals davon gesprochen. Aber ich weiß von dem gleichen Knaben, daß er im Verkehr mit seinen Freunden mit Vergnügen und ohne dabei zu erröten, über die exkrementellen Vorgänge spricht. Der gleiche Junge versicherte mir auch einmal, wenn er allein sei, könne er seinen eigenen Kot mit der Hand berühren, ohne irgend etwas dabei zu empfinden. Wenn aber jemand Erwachsener dabei sei, dann werde es ihm sehr schwer, auch nur davon zu sprechen.

Also auch Scham und Ekel, diese beiden wichtigsten Reaktionsbildungen, die dazu bestimmt sind, die analen und exhibitionistischen Strebungen des Kindes vom Durchbruch zur Befriedigung abzuhalten, sind noch nach ihrer Entstehung in ihrer Befestigung und Wirksamkeit von der Beziehung zum erwachsenen Objekt abhängig.

Mit diesen Bemerkungen über die Abhängigkeit des kindlichen Über-Ichs und die doppelte Moral des Kindes in bezug auf Scham und Ekel, sind wir jetzt bei dem wichtigsten Unter- schied zwischen der Kinderanalyse und der des Erwachsenen angelangt. Die Kinderanalyse ist überhaupt keine private Angelegenheit mehr, die sich ausschließlich zwischen zwei Personen, dem Analytiker und seinem Patienten abspielt. Soweit das kindliche Über-Ich noch nicht der unpersönlich gewordene Vertreter der von der Außenwelt übernommenen Anforderungen geworden ist, soweit es mit der Außenwelt selbst noch organisch zusammenhängt, soweit spielen auch die dieser Außenwelt entnommenen Objekte in der Analyse selbst und insbesondere in ihrem letzten Stück, bei der Verwendung der aus der Verdrängung befreiten Triebregungen, eine wichtige Rolle.

Greifen wir noch einmal auf den Vergleich mit dem erwachsenen Neurotiker zurück. Wir sagten, wir hätten in seiner Analyse nur mit seinem Triebleben, seinem Ich und seinem Über-Ich zu rechnen, wir brauchten uns – wenn die Verhältnisse günstig liegen – nicht um das Schicksal der aus dem Unbewußten gehobenen Regungen zu bekümmern. Sie gerieten unter den Einfluß des Über-Ichs, das für ihre weitere Verwendung die Verantwortung trägt.

Wem aber überlassen wir in der Kinderanalyse diese Entscheidung? Die obigen Ausführungen überblickend, müßten wir folgerichtig sagen, den Erziehungspersonen des Kindes, mit denen sein Ober-Ich noch so untrennbar verknüpft ist, also in den meisten Fällen seinen Eltern.

Vergessen wir aber nicht, mit welchen Bedenken diese Lage verknüpft ist. Die gleichen Eltern oder Erziehungspersonen waren es ja, deren übermäßige Forderungen das Kind zu einem Übermaß von Verdrängung und in die Neurose getrieben haben. Hier liegt auch zwischen der Neurosebildung und der Befreiung durch die Analyse nicht der große Zwischenraum wie beim erwachsenen Patienten, der zwischen diesen beiden Zeitpunkten seine ganze Ichentwicklung durchmacht, so daß derjenige, der die erste Entscheidung getroffen hat und derjenige, welcher jetzt ihre Revision vornimmt, kaum mehr dieselbe Person zu nennen ist. Die Eltern, welche das Kind erkranken ließen und die, welche bei seinem Gesundwerden helfen sollen, sind wirklich noch die gleichen Personen mit den gleichen Ansichten. Nur im günstigsten Fall sind sie durch die Erkrankung des Kindes genügend belehrt worden, um jetzt zu einer Herabmilderung ihrer Anforderungen bereit zu sein. Es scheint also gefährlich, ihnen die Entscheidung über das Schicksal des nun befreiten Trieblebens zu überlassen. Die Aussicht ist zu groß, daß das Kind genötigt werden wird, den Weg in die Verdrängung und die Neurose noch einmal zu gehen. Unter solchen Umständen wäre es ökonomischer, sich die langwierige und mühevolle analytische Befreiungsarbeit ganz zu ersparen.

Was wäre aber der andere Ausweg? Wäre es vielleicht zulässig, das Kind aus Anlaß seiner Neurose und ihrer Analyse als vorzeitig mündig zu erklären und ihm selber die wichtigsten Entscheidungen zuzumuten, wie es jetzt mit seinen ihm zur Verfügung gestellten Regungen verfahren will? Ich wüßte nicht, auf Grund von welchen ethischen Instanzen und mit Hilfe welcher Kriterien oder praktischen Überlegungen es imstande wäre, sich Ln diesen Schwierigkeiten seinen Weg zu suchen. Ich glaube, wenn man es allein läßt und jede Unterstützung von außen her von ihm abzieht, kann es nur einen einzigen kurzen und bequemen Weg finden: den zur direkten Befriedigung. Wir wissen aber aus der analytischen Theorie und Praxis, daß das Kind gerade im Interesse der Neuroseverhütung abgehalten werden soll, auf irgendeiner Stufe seiner notwendigerweise perversen Sexualität wirkliche Befriedigungen zu erleben. Die Fixierung an die einmal erlebte Lust wird sonst zum störenden Hindernis für die normale Weiterentwicklung und der Drang nach ihrer Wiederbelebung zum gefährlichen Anreiz für die Regression von späteren Entwicklungsstufen her.

So scheint mir in dieser schwierigen Situation nur ein einziger Ausweg zu bleiben. Der Analytiker selber muß die Freiheit für sich beanspruchen, das Kind in diesem wichtigsten Punkt zu leiten, um auf diese Art das Ergebnis der Analyse einigermaßen sicherstellen zu können. Das Kind muß unter seinem Einfluß lernen, wie es sich seinem Triebleben gegenüber zu verhalten hat, seine Ansicht wird letzten Endes entscheiden, welcher Anteil der infantilen Sexualregungen als in der Kulturwelt unverwendbar unterdrückt oder verworfen werden muß, wie viel oder wie wenig zur indirekten Befriedigung zugelassen werden kann, und was auf den Weg zur Sublimierung gedrängt wird, für den dann wieder von der Erziehung her alle möglichen Hilfen zur Verfügung gestellt werden können. Wir können kurz sagen: *es muß dem Analytiker gelingen, sich für die Dauer der Analyse an die Stelle des Ichideals beim Kinde zu setzen*, er darf seine analytische Befreiungsarbeit nicht früher beginnen, ehe er sich versichert hat, das Kind in diesem Punkte völlig beherrschen zu können. An dieser Stelle wird ihm die Machtstellung wichtig, von der wir schon zu Anfang bei der Einleitung der Kinderanalyse gesprochen haben. Nur wenn das Kind fühlt, daß die Autorität des Analytikers auch über die der Eltern gestellt ist, wird es bereit sein, diesem neuen neben die Eltern angereihten Liebesobjekt jenen höchsten Platz in seinem Gefühlsleben einzuräumen.

Haben die Eltern des Kindes, wie vorhin erwähnt, etwas aus der Erkrankung des Kindes gelernt und sind geneigt, sich den Forderungen des Analytikers anzupassen, so ist hier eine wirkliche Teilung der analytischen und erziehenden Arbeit zwischen Haus und Analysenstunde oder vielmehr ein Zusammenwirken beider Faktoren möglich. Die Erziehung des Kindes erfährt dann auch nach Beendigung der Analyse keine Unterbrechung, sondern geht direkt aus den Händen des Analytikers wieder völlig in die der nun verständiger gewordenen Eltern über.

Arbeiten aber die Eltern mit ihrem Einfluß dem Analytiker entgegen, so ergibt sich, da das Kind an beide mit seinen Gefühlen gebunden ist, eine ähnliche Situation wie in einer unglücklichen Ehe, in der das Kind zum Streitobjekt geworden ist. Wir dürfen uns nicht wundern, wenn sich dann auch alle schädlichen Folgen für die Charakterbildung ergeben, die wir von dem anderen Schauplatz her kennen. Wie dort Vater und Mutter, spielt das Kind hier den Analytiker und das Elternhaus gegeneinander aus und benutzt die Konflikte zwischen ihnen, um sich hier wie dort allen Anforderungen zu entziehen.

Gefährlich wird die Sachlage, wenn das Kind in einer Widerstandssituation es versteht, die Eltern so gegen den Analytiker einzunehmen, daß sie den Abbruch der Analyse veranlassen. Man verliert dann das Kind im ungünstigsten Moment, im Widerstand und in der negativen Übertragung aus der Hand und kann sicher sein, daß es alle von der Analyse empfangenen Befreiungen im ungünstigsten Sinne verwerten wird. Ich würde heute keine Kinderanalyse mehr unternehmen, wo mir nicht die Person oder die analytische Vorbildung der Eltern eine Garantie gegen einen solchen Ausgang zu geben scheinen.

Die Notwendigkeit der völligen Beherrschung des Kindes durch den Analytiker veranschauliche ich im folgenden noch an einem letzten Beispiel. Es handelt sich hier um eine sechsjährige Patientin, die schon vielfach erwähnte Zwangsneurotikerin.

Nachdem ich sie in der Analyse dazu gebracht hatte, ihren „Teufel“ sprechen zu lassen, begann sie, mir eine Unzahl von analen Phantasien mitzuteilen, anfangs zögernd, dann immer mutiger und ausführlicher, als sie merkte, daß Mißfallensäußerungen von meiner Seite ausblieben. Die Stunde stand allmählich ganz im Zeichen des Analen und wurde ihr zur Ablagerungsstätte aller dieser sie sonst bedrückenden Tagträume. Während dieses Sprechens mit mir war dann auch der Druck von ihr genommen, der sonst ständig auf ihr lag. Sie bezeichnete die Zeit bei mir selber als ihre „Ruhestunde“. „Meine Stunde bei dir, Anna Freud,“ sagte sie einmal, „ist meine Ruhestunde. Da brauche ich den Teufel nicht zurückzuhalten.“ „Aber nein,“ setzte sie dann gleich hinzu, „ich habe ja noch eine zweite Ruhezeit: wenn ich schlafe.“ Während der Analyse und während des Schlafes war sie also offenbar von dem befreit, was beim Erwachsenen dem ständigen Aufwand zur Aufrechterhaltung der Verdrängung gleichkäme. Ihre Befreiung zeigte sich vor allem in einem veränderten, aufmerksamen und lebhaften Wesen.

Nach einiger Zeit machte sie nun einen Schritt weiter. Sie begann, zu Hause ebenfalls etwas von den bisher streng gehüteten Phantasien und analen Einfällen merken zu lassen, machte etwa, wenn eine Speise auf den Tisch kam, einen halblauten Vergleich oder eine an die anderen Kindern gerichteten „schmutzigen“ Scherz. Die damalige Pflegemutter des Kindes kam daraufhin zu mir, um sich Verhaltungsmaßregeln geben zu lassen. Mir fehlten zu dieser Zeit noch viele meiner später gewonnenen Einsichten in die Kinderanalyse und ich nahm die Situation leicht, gab den Rat, man solle weder zustimmen noch ablehnen, sondern solche kleine Ausfälle einfach unbeachtet lassen. Die Wirkung war eine nicht vorhergesehene. Das Kind verlor unter diesem Mangel an Kritik von außen her jedes Maß, trug nun einfach das bisher nur bei mir in der Stunde Geäußerte auch in sein Haus hinüber und schwelgte, so wie vorher bei mir, ganz in seinen analen Vorstellungen, Vergleichen und Ausdrücken. Die anderen Hausgenossen empfanden das bald als unerträglich, ihnen verging, besonders bei dem Verhalten des Kindes am gemeinsamen Mittagstisch, jeder Appetit und es ergab sich, daß einer nach dem anderen, Kinder wie Erwachsene, schweigend und mißbilligend das Zimmer verließen. Meine kleine Patientin hatte sich benommen wie eine Perverse oder wie ein erwachsener Geisteskranker und sich damit außerhalb der menschlichen Gemeinschaft gestellt. Vermied man, sie strafweise von den andern zu entfernen, so war der Erfolg doch nur, daß sie jetzt von den anderen gemieden wurde. Aber von ihr selbst war in dieser Zeit alle Hemmung auch in anderer Hinsicht gewichen. Sie hatte sich in wenigen Tagen in ein heiteres, übermütiges, schlimmes, mit sich selbst gar nicht sehr unzufriedenes Kind verwandelt.

Nun kam die Pflegemutter ein zweites Mal zu mir, um sich zu beklagen. Der Zustand sei unhaltbar, meinte sie, und das Leben im Hause gestört. Was sie machen solle? Ob sie dem Kind sagen könne, das Erzählen solcher Dinge sei zwar an sich nicht so schlimm, sie bitte es aber, es ihr zuliebe in ihrem Haus zu unterlassen? Ich lehnte das ab. Ich mußte einsehen, daß ich einen wirklichen Fehler gemacht und dem Über-Ich des Kindes eine selbständig hemmende Stärke zugetraut hatte, die es gar nicht besaß. Sobald die wichtigen Personen der Außenwelt in ihren Forderungen nachgelassen hatten, war plötzlich auch das vorher so strenge Ichideal des Kindes, das stark genug gewesen war, um eine ganze Reihe zwangsneurotischer Symptome hervorzubringen, nachgiebig geworden. Ich hatte mich auf diese zwangsneurotische Strenge verlassen, war unvorsichtig gewesen und hatte dabei für die Analyse gar nichts geleistet. Ich hatte für eine Weile aus einem gehemmten zwangsneurotischen Kind ein schlimmes, man könnte sagen, ein perverses Kind gemacht. Aber ich hatte mir gleichzeitig die Situation für meine Arbeit verdorben. Denn dieses befreite Kind hatte seine „Ruhestunde“ jetzt den ganzen Tag lang, ließ in seiner Schätzung der gemeinsamen Arbeit mit mir beträchtlich nach, lieferte kein rechtes Material mehr, da es dies über den ganzen Tag verstreute, statt es für die Stunde zusammenzuhalten und hatte die für die Analyse so notwendige Krankheitseinsicht momentan verloren. Für die Kinderanalyse gilt ja in noch viel größerem Ausmaß als für die Analyse der

Erwachsenen der Satz, daß die analytische Arbeit nur im Zustande der Unbefriedigung durchgeführt werden kann.

Zum Glück stellte sich die Situation nur theoretisch als so gefährlich dar, in der Praxis war sie leicht wieder zu beheben. Ich bat die Pflegemutter, weiter gar nichts zu veranlassen und etwas Geduld zu haben. Ich würde das Kind wieder zur Ordnung bringen, könnte nur nicht versprechen, wie bald sich eine Wirkung zeigen würde. In der nächsten Stunde benahm ich mich dann sehr energisch. Das sei ein Bruch aller Verabredungen, erklärte ich. Ich hätte geglaubt, sie wollte mir diese schmutzigen Dinge erzählen, um sie loszuwerden. Jetzt aber sähe ich, daß das gar nicht so sei. Sie wollte das ja gerne allen Leuten im Hause sagen, um ihr Vergnügen daran zu haben. Ich hätte nichts dagegen, aber dann könnte ich nicht einsehen, wozu sie mich noch brauchte. Dann könnten wir die Stunden aufgeben und ihr ihr Vergnügen lassen. Bliebe sie aber bei ihrer ersten Absicht, dann dürfte sie von diesen Dingen nur mir erzählen und niemand anderem; je mehr sie davon zu Hause zurückhielte, desto mehr würde ihr in der Stunde einfallen, desto mehr würde ich über sie erfahren und von desto mehr könnte ich sie befreien. Nun sollte sie sich entscheiden. Sie wurde daraufhin sehr blaß und sehr nachdenklich, sah mich an und sagte mit demselben ernsthaften Einverständnis wie bei der ersten analytischen Verabredung: „Wenn du sagst, daß es so ist, dann werde ich nichts mehr davon sagen.“ Damit hatte ihre zwangsneurotische Gewissenhaftigkeit wieder eingesetzt. Im Hause kam von diesem Tage an kein Wort über derartige Dinge mehr über ihre Lippen. Sie war wieder zurückverwandelt, aber sie war auch wieder aus einem schlimmen und perversen zu einem gehemmten und interesselosen Kind geworden.

Die gleiche Verwandlung mußte ich bei derselben Patientin im Laufe ihrer Behandlung noch mehrere Male vornehmen. Immer wenn sie mir nach der analytischen Befreiung aus ihrer ungewöhnlich schweren Zwangsneurose in das andere Extrem, die „Schlimmheit“ oder die Perversion entwischt war, blieb mir nichts anderes übrig, als selber die Neurose wieder herbeizuführen und den schon entschwundenen „Teufel“ noch einmal in seine Rechte einzusetzen, jedesmal natürlich mit geringeren Quantitäten und mit größerer Vorsicht und Milde, als die seinerzeitige Erziehung es getan hatte, bis ich schließlich das Kind dazu gebracht hatte, zwischen den beiden ihm möglichen Extremen die Mitte zu halten.

Ich hätte dieses Beispiel nicht in solcher Breite mitgeteilt, wenn sich nicht alle in diesem letzten Abschnitt behaupteten Verhältnisse der Kinderanalyse an ihm illustrieren ließen: die Schwäche des kindlichen Ichideals, die Abhängigkeit seiner Forderungen und folglich seiner Neurose von der Außenwelt, seine Unfähigkeit zur eigenen Beherrschung der befreiten Triebe und die daraus sich ergebende Notwendigkeit für den Analytiker, das Kind erzieherisch in der Gewalt zu haben.[1] Der Analytiker vereinigt also zwei schwierige und eigentlich einander widersprechende Aufgaben in seiner Person: er muß analysieren und erziehen, d. h. er muß in einem Atem erlauben und verbieten, lösen und wieder binden. Gelingt ihm das nicht, so wird die Analyse dem Kinde zum Freibrief für alle von der Gesellschaft verpönten Unarten. Gelingt es ihm aber, so macht er damit ein Stück verfehlter Erziehung und abnormer Entwicklung rückgängig und verschafft so dem Kinde oder denjenigen, die über das Schicksal des Kindes entscheiden, noch einmal die Möglichkeit, es besser zu machen.

Wir zwingen auch am Ende einer Erwachsenenanalyse keinen Patienten dazu, gesund zu werden. Es steht bei ihm, was er mit der ihm gebotenen neuen Möglichkeit anfangen will, ob er noch einmal den Weg in die Neurose gehen will, ob seine Ichentwicklung ihm gestattet, den entgegengesetzten Weg zur weitgehenden Triebbefriedigung zu machen oder ob er den Mittelweg zwischen beiden, die wirkliche Synthese zwischen den in ihm vorhandenen Mächten zustande bringt. Wir können auch die Eltern unserer kleinen Patienten nicht zwingen, jetzt etwas Vernünftiges mit dem ihnen wieder zurückgegebenen Kind anzufangen. Die Kinderanalyse ist keine Versicherung gegen alle Schäden, welche die Zukunft dem Kinde zufügen kann. Sie arbeitet vor allem in die Vergangenheit; damit allerdings schafft sie einen gereinigten, besseren Boden für die zukünftige Entwicklung.

Ich denke, aus den geschilderten Verhältnissen hat sich ein wichtiger Hinweis auf die Indikation zur Kinderanalyse ergeben. Diese Indikation wird nicht nur durch eine bestimmte Erkrankung des Kindes gegeben. Die Kinderanalyse gehört vor allem in das analytische Milieu, sie wird sich vorläufig auf die Kinder von Analytikern, von Analysierten oder von Eltern beschränken müssen, welche der Analyse ein gewisses Zutrauen und einen gewissen Respekt entgegenbringen. Nur dort wird sich die analytische Erziehung während der Behandlung ohne Bruch wieder in die Erziehung im Elternhaus überführen lassen. Wo die Analyse des Kindes nicht organisch mit seinem anderen Leben verwachsen kann, sondern sich wie ein Fremdkörper in seine anderen Beziehungen einschiebt und sie stört, wird man dem Kind wahrscheinlich mehr Konflikte schaffen, als ihm die Behandlung auf der anderen Seite löst.

Ich fürchte, ich habe auch mit dieser Behauptung denjenigen, die schon bereit waren, der Kinderanalyse etwas Zutrauen entgegenzubringen, wieder eine Enttäuschung bereitet.

Nachdem ich aber so vieles von den Unmöglichkeiten der Kinderanalyse gesagt habe, möchte ich doch nicht schließen, ohne auch noch über die großen Möglichkeiten zu sprechen, die mir die Kinderanalyse trotz aller Schwierigkeiten doch zu haben und sogar vor der Erwachsenenanalyse vorauszuhaben scheint. Ich sehe vor allem drei dieser Möglichkeiten.

Wir können beim Kind ganz andere Charakterveränderungen zustande bringen als beim Erwachsenen. Das Kind, das durch den Einfluß seiner Neurose den Weg einer abnormen Charakterentwicklung beschritten hat, muß nur einen kurzen Rückweg zurücklegen, um wieder in die normale und seinem eigentlichen Wesen angemessene Bahn zu geraten. Es hat noch nicht wie der Erwachsene sein ganzes künftiges Leben darauf aufgebaut, seinen Beruf infolge dieser abnormen Entwicklung gewählt, Freundschaften auf dieser Basis geschlossen und Liebesverhältnisse auf dieser Grundlage angeknüpft, die dann wieder, in Identifizierungen ausgehend, seine Ichentwicklung beeinflussen. Bei den „Charakteranalysen" des Erwachsenen müßten wir eigentlich sein ganzes Leben zertrümmern, Unmögliches vollführen, nämlich Handlungen rückgängig machen und Wirkungen nicht nur bewußt machen, sondern aufheben, wenn wir einen wirklichen Erfolg haben wollten. Hier hat also die Kinderanalyse unendlich viel vor der des Erwachsenen voraus.

Die zweite Möglichkeit betrifft die Beeinflussung des Ober-Ichs. Die Milderung seiner Strenge ist, wie Sie wissen, eine der Forderungen der Neuroseanalyse. Hier trifft aber auch die Erwachsenenanalyse auf die größten Schwierigkeiten, sie hat mit den ältesten und bedeutungsvollsten Liebesobjekten des Individuums zu kämpfen, den Eltern, die es sich durch Identifizierung introjiziert hat und deren Andenken außerdem in den meisten Fällen durch Pietät geschützt und darum um so schwerer angreifbar geworden ist. Beim Kinde aber haben wir mit lebendigen, durch die Erinnerung nicht verklärten, in der Außenwelt wirklich vorhandenen Personen zu tun. Wenn wir der Arbeit von innen her hier eine äußere an die Seite stellen und nicht nur durch unseren analytischen Einfluß die schon vorhandenen Identifizierungen, sondern nebenbei noch durch menschliche Bemühung und Beeinflussung die wirklichen Objekte zu verändern versuchen, so ist die Wirkung eine durchschlagende und überraschende.

Das gleiche gilt auch für den dritten Punkt. Wir müssen uns bei der Arbeit am Erwachsenen ganz darauf beschränken, ihm zu einer Anpassung an seine Umgebung zu verhelfen. Es liegt uns ferne, steht auch ganz außerhalb unserer Absicht oder unseres Machtbereichs, seine Umgebung nach seinen Bedürfnissen umzugestalten. Beim Kinde läßt sich aber gerade dies ohne viel Schwierigkeiten durchführen. Die Bedürfnisse des Kindes sind einfacher, leichter zu erfüllen und zu übersehen, unsere Macht, mit der der Eltern kombiniert, reicht in günstigen Verhältnissen leicht aus, um dem Kind auf jeder Stufe seiner Behandlung und fortschreitenden Veränderung gerade das oder viel von dem zu verschaffen, was es nötig hat. So erleichtern wir dem Kind die Anpassungsarbeit, indem wir die Umgebung auch ihm anzupassen versuchen. Auch hier ist es eine doppelte Arbeit, von innen und von außen her.

Ich glaube, es ist diesen drei Punkten zuzuschreiben, daß wir in der Kinderanalyse – trotz all der aufgezählten Schwierigkeiten – Veränderungen, Besserungen und Heilungen erzielen, von denen wir uns in der Erwachsenenanalyse nicht einmal träumen lassen.

Ich bin darauf vorbereitet, daß die praktischen Analytiker nach diesen Ausführungen sagen werden, was ich mit den Kindern mache, hätte bei all diesen Differenzen gar nicht mehr viel mit der wirklichen Analyse zu tun. Es sei eine „wilde" Methode, die alles von der Analyse entlehnt, ohne doch den strengen analytischen Vorschriften irgendwie gerecht zu werden. Aber ich bitte, das Folgende zu bedenken. Wenn in unsere Sprechstunde ein erwachsener Neurotiker käme, um uns um Behandlung zu bitten, der sich bei näherem Zusehen als so triebhaft, intellektuell so unentwickelt und so weitgehend von seiner Umgebung abhängig herausstellen würde, wie es meine kindlichen Patienten sind, so würden wir uns wahrscheinlich sagen: Die Freudsche Analyse ist eine ausgezeichnete Methode, aber für solche Leute ist sie nicht gemacht. Und wir würden den Kranken in einer gemischten Weise behandeln, würden ihm so viel von reiner Analyse geben, als er seinem Wesen nach vertragen kann und den Rest in Kinderanalyse, weil er, seinem ganzen infantilen Charakter nach, ja nichts besseres verdient.

Ich meine, es kann der analytischen Methode nichts anhaben, wenn man versucht, sie – die auf ein ganz bestimmtes, eigenartiges Objekt, den erwachsenen Neurotiker, abgestimmt ist, auch auf andersgeartete Objekte in modifizierter Weise anzuwenden. Es kann auch nicht als Vorwurf gewertet werden, wenn man einmal etwas anderes mit ihr anstellt. Man muß nur immer wissen, was man tut.

[1] Diese erzieherische Gewalt bietet dem Kinderanalytiker auch noch andere Vorteile. Sie ermöglicht die Anwendung der „aktiven Therapie" *Ferenczis*, einer Unterdrückung einzelner Symptome, welche dann die Libidostauung steigern und der Analyse auf diese Weise reichlicheres Material zuführen soll.

5 Zur Theorie der Kinderanalyse

Wenn man auf einem Kongreß gleich drei Vorträge über Kinderanalyse zu hören bekommt anstatt, wie bisher üblich, nur einen, so ist das nur ein Anzeichen dafür, wieviel Raum dieses Thema im Laufe der letzten Jahre innerhalb der Internationalen Vereinigung für sich gewonnen hat. Ich meine, die Kinderanalyse erwirbt sich dieses gesteigerte Interesse durch drei Leistungen. Sie bringt willkommene Bestätigungen für die Vorstellungen über das Seelenleben des Kindes, die sich die psychoanalytische Theorie im Laufe der Jahre rückschließend aus den Analysen an Erwachsenen gebildet hat; sie liefert – wie der Vortrag von *Melanie Klein* es eben demonstriert hat – neue Aufschlüsse, Ergänzungen zu diesen Vorstellungen aus der direkten Beobachtung; und sie bildet schließlich die Überleitung zu einem Anwendungsgebiet, das, wie viele behaupten, in der Zukunft zu einem der wichtigsten für die Psychoanalyse werden soll: zur Pädagogik.

Auf dieses dreifache Verdienst gestützt, nimmt sich die Kinderanalyse aber auch allerlei Freiheiten und Selbständigkeiten heraus. Sie verlangt nach einer neuen Technik. Diese Forderung wird ihr gerne zugestanden; auch der Konservativste ist bereit einzusehen, daß ein geändertes Objekt geänderte Angriffsmethoden verlangt. So entsteht die Spieltechnik *Melanie Kleins* für die Frühanalyse, später die von mir vertretenen Vorschläge zur Analyse der Latenzperiode. Aber manche Vertreter der Kinderanalyse – wie Sie in mir einen sehen – gehen noch weiter. Sie fangen an, sich Gedanken darüber zu machen, ob die Vorgänge in einer Kinderanalyse theoretisch immer völlig mit denen der Erwachsenenanalyse übereinstimmen und ob die beiden sich, soweit es sich um die Ziele und Absichten handelt, auch vollkommen decken. Sie erheben die Forderung, daß der Kinderanalytiker – der Sonderstellung des Kindes entsprechend – neben der analytischen Schulung und Einstellung noch eine zweite besitzen sollte: die pädagogische. Ich meine, wir sollten nicht vor diesem Wort erschrecken und eine Vermengung zweier Einstellungen nicht von vorherein als etwas Herabsetzendes für die Analyse ansehen. Es lohnt die Mühe, an Hand von einigen Fällen nachzuprüfen, ob eine solche Forderung überhaupt

Existenzberechtigung besitzt oder ob es das Richtige ist, sie als eine illegitime von der Hand zu weisen.

Ich wähle zu diesem Zwecke als Beispiel zuerst ein Bruchstück aus der Analyse eines elfjährigen Knaben. Sein Wesen, als er in Behandlung kam, war feminin-masochistisch, seine ursprüngliche Objektbeziehung zur Mutter ganz von der Identifizierung mit ihr überlagert. Seine ursprüngliche männliche Aggression machte sich nur gelegentlich in feindseligen Handlungen gegen die Geschwister und isolierten Dissozialitäten Luft, die dann wieder von heftigen Reueausbrüchen und Verstimmungen gefolgt wurden. Ich greife hier eine Zeit seiner Analyse heraus, in der er sich in zahlreichen Gedanken, Phantasien und Träumen mit dem Problem des Todes, richtiger des Tötens, beschäftigte.

Eine seiner Mutter sehr nahestehende Freundin war gerade damals schwer krank, die Mutter wurde durch ein Telegramm von der Gefahr verständigt. Er griff dieses Ereignis auf, um es in seiner Vorstellung weiterzuspinnen. Ein neues Telegramm, phantasierte er, kommt an und meldet: Sie ist gestorben. Die Mutter kränkt sich sehr. Da kommt wieder ein Telegramm: Sie lebt wieder, es war nur ein Irrtum. Die Mutter freut sich darüber. Und jetzt läßt er die Telegramme in rascher Folge erscheinen, eines immer, das den Tod, ein nächstes, das ihre Wiederbelebung meldet. Den Schluß der ganzen Phantasie bildet *eine* Nachricht, die sagt: das Ganze war nur ein Spaß, den man sich mit der Mutter gemacht hat. Die Phantasie ist nicht schwer zu deuten; wir sehen seine Ambivalenz, den Wunsch, die von der Mutter geliebte Person zu töten und seine Unfähigkeit, die Absicht wirklich durchzuführen, deutlich daraus hervorgehen.

Kurz darauf erzählt er mir folgende Zwangshandlung: Wenn er auf dem Klosett sitzt, dann muß er einen Knopf, der sich auf der einen Seite an der Wand befindet, dreimal mit der Hand berühren, gleich darauf aber dasselbe an einem Knopf der anderen Seite wiederholen. Die Handlung scheint zuerst unverständlich, bis sie in den nächsten Tagen durch eine in anderem Zusammenhang erzählte Phantasie ihre Aufklärung findet. Er stellt sich den lieben Gott als einen alten Mann vor, der im Himmelssaal auf einem großen Thron sitzt. Rechts und links von ihm sind Knöpfe oder Taster an der Wand angebracht. Drückt er auf die Knöpfe der einen Seite, dann stirbt ein Mensch, drückt er auf einen Knopf der anderen Seite, dann kommt ein Kind auf die Welt. Ich glaube, die Zusammenstellung der Zwangshandlung mit dieser Tagesphantasie macht die weitere Deutung überflüssig. Die Zahl drei läßt sich wahrscheinlich durch die Anzahl seiner Geschwister erklären.

Kurz darauf erkrankt ein Freund der Familie, der seiner Mutter nahesteht, der Vater eines seiner Spielgefährten. Er hört, während er zur

Analysenstunde geht, das Telephon läuten und bildet nun bei mir folgende Phantasie: Man hat die Mutter verständigt, daß sie in das Haus des Erkrankten kommen soll. Sie geht hin, tritt in das Krankenzimmer ein, geht zum Bett hin und will mit dem Patienten sprechen. Aber er gibt ihr keine Antwort und sie merkt, daß er tot ist. Sie erschrickt sehr. In diesem Augenblick tritt der kleine Sohn des Verstorbenen herein. Sie ruft ihn und sagt: Komm her, schau, dein Vater ist gestorben. Der Junge tritt zum Bett und spricht zu seinem Vater. Da lebt der Vater und gibt ihm Antwort. Er wendet sich zur Mutter meines Patienten und sagt: Was willst du, er lebt ja. Da spricht sie wieder zu ihm, er gibt wieder keine Antwort und ist tot. Wie aber der Junge wieder hereintritt und spricht, lebt der Vater von neuem.

Ich hätte diese Phantasie hier nicht mit solcher Ausführlichkeit vorgebracht, wenn sie nicht so instruktiv und durchsichtig wäre und die Deutung der beiden vorhergehenden gleich mit in sich enthalten würde. Wir sehen, der Vater ist tot in seiner Beziehung zur Mutter, er lebt, soweit es sich nur um die Beziehung zum Sohne handelt. War in den bisherigen Phantasien die Ambivalenz – der Wunsch zu töten und der entgegengesetzte, leben zu lassen oder wiederzubeleben – derselben Person gegenüber nur in zwei verschiedenen Handlungen zerlegt, die sich gegenseitig wieder aufheben mußten, so gibt diese Phantasie durch die Hinzufügung einer Spezialisierung der bedrohten Person (als Mann einerseits, als Vater andererseits) die historische Erklärung der doppelten Einstellung. Die beiden Strebungen entstammen offenbar verschiedenen Entwicklungsphasen des Knaben. Der Todeswunsch gegen den Vater als den Rivalen um die Liebe der Mutter entspringt der normalen Ödipusphase mit der seither verdrängten positiven Objektliebe zur Mutter. Hier wendet sich seine männliche Aggression gegen den Vater, er soll beseitigt werden, um ihm den Weg frei zu machen. Die andere Strebung aber, der Wunsch, sich den Vater zu erhalten, kommt einerseits aus der frühen Periode der rein bewundernden und liebenden Einstellung zum Vater, noch ungestört durch die Konkurrenz des Ödipuskomplexes; andererseits aber – was hier die größere Rolle spielt – aus der Phase der Identifizierung mit der Mutter, die die normale Ödipuseinstellung abgelöst hat. Aus Angst vor der vom Vater drohenden Kastration hat der Knabe seine Liebe zur Mutter aufgegeben und sich in die weibliche Einstellung drängen lassen. Von hier aus muß er sich den Vater als Objekt seiner homosexuellen Liebe zu erhalten trachten.

Es wäre verlockend weiterzugehen, den Übergang zu schildern, der in dem Knaben von diesem Wunsch zu töten, dann zu einer abendlich auftretenden Todesangst führt, und von hier aus einen Eingang in den komplizierten Aufbau dieser Neurose der Latenzperiode zu finden. Aber das ist an dieser Stelle nicht meine Absicht. Ich habe diesen Ausschnitt nur vorgeführt, um zu zeigen, daß dieses Stück Kinderanalyse sich in nichts von der Analyse eines Erwachsenen unterscheidet. Wir sollen ein Stück seiner männlichen Aggression und seiner Objektliebe zur Mutter aus der Verdrängung und von der Überlagerung durch seinen jetzt feminin-masochistischen Charakter und die Mutteridentifizierung befreien. Der Konflikt, um den es sich dabei handelt, ist ein innerer. Hat ihn auch ursprünglich die Angst vor dem wirklichen Vater in der Außenwelt zur Verdrängungsleistung getrieben, so wird der Erfolg dieser Leistung jetzt doch von inneren Kräften aufrecht gehalten. Der Vater ist verinnerlicht und das Über-Ich der Vertreter seiner Macht geworden, die Angst vor ihm wird vom Knaben als Kastrationsangst empfunden. Jedem Schritt, den die Analyse auf dem Wege zur Bewußtmachung der verdrängten Ödipustendenzen machen will, stellen sich Ausbrüche dieser Kastrationsangst als Hindernis entgegen. Nur die langsame historisch-analytische Zersetzung dieses Ober-Ich ermöglicht ein Fortschreiten meiner Befreiungsarbeit. Sie sehen also. die Arbeit und die Einstellung des Behandelten ist, soweit es sich um dieses Stück der Aufgabe handelt, eine rein analytische. Für die pädagogische Einstellung ist hier kein Platz.

Sehen wir uns ein anderes Beispiel an. Es entstammt der Analyse einer sechsjährigen weiblichen Patientin, aus der ich schon an anderer Stelle und in anderer Absicht einiges veröffentlicht habe. Auch hier handelt es sich – wie immer – um die Strebungen des Ödipuskomplexes und auch hier spielt das Verhältnis zum Töten eine gewisse Rolle. Das kleine Mädchen hatte, wie die Analyse aufdeckt, eine frühe und leidenschaftliche Liebe zum Vater durchgemacht und war in der gewöhnlichen Weise durch die Geburt der nächsten Geschwister von ihm enttäuscht worden. Ihre Reaktion darauf war eine außerordentlich starke. Sie gab die kaum erreichte genitale Phase zugunsten einer vollen Regression zum analen Sadismus auf. Sie wendete ihre Feindseligkeit gegen die neuangekommenen Geschwister. Sie machte einen Versuch, sich den Vater, von dem ihre Liebe sich fast völlig abgewendet hatte, wenigstens durch Einverleibung zu erhalten. Aber die Bemühungen, sich als Mann zu fühlen, scheiterten an der Konkurrenz mit einem älteren Bruder, von dem sie erkannte, daß er körperlich besser für diese Aufgabe ausgerüstet war. Das Resultat war jetzt eine intensive Feindseligkeit gegen die Mutter: Haß gegen sie, weil sie ihr den Vater weggenommen hatte; Haß, weil sie sie nicht zum Knaben gemacht hatte; und Haß schließlich, weil sie die Geschwister geboren hatte, die die Kleine gerne selbst zur Welt gebracht hätte. Aber an dieser

Stelle – etwa im vierten Lebensjahre des Kindes – geschah etwas Entscheidendes. Sie erkannte dunkel, daß sie auf dem Weg war, durch diese Haßreaktionen jede gute Beziehung zu der aus der ersten Kindheit doch sehr geliebten Mutter zu verlieren. Und um sich die Liebe zu ihr und noch viel mehr das Geliebtwerden durch sie, ohne das sie nicht leben konnte, zu retten, machte sie eine gewaltige Anstrengung, „brav" zu werden. Sie trennte plötzlich wie mit einem Schnitt all diesen Haß und mit ihm ihr ganzes, aus analen und sadistischen Handlungen und Phantasien bestehendes Sexualleben von sich ab und stellte es ihrer eigenen Person als etwas Fremdes, nicht mehr Dazugehöriges, etwas „Teuflisches" gegenüber. Was zurückblieb, war nicht viel: eine kleine eingeschränkte Person, die ihr Gefühlsleben nicht voll zur Verfügung hatte, und deren große Intelligenz und Energie damit beschäftigt war, den „Teufel" in der ihm aufgezwungenen Verdrängung zu erhalten. Für die Außenwelt blieb dabei nicht viel übrig als eine große Interesselosigkeit und laue Gefühle von Zärtlichkeit und Zuneigung zur Mutter, die nicht stark genug waren, um auch nur die geringste Belastung auszuhalten. Aber noch mehr als das: die Trennung ließ sich auch bei großem Energieaufwand nicht anhaltend durchführen. Der Teufel überwältigte sie gelegentlich auf kurze Zeit, so daß Zustände entstanden, wo sie sich ohne rechten äußeren Anlaß auf den Boden hinwarf und schrie, in einer Weise, wie man sie früher wohl als Besessenheit gekennzeichnet hätte; oder wo sie sich plötzlich ihrer anderen Seite überließ und mit vollem Genuß in sadistischen Phantasien schwelgte, sich etwa vorstellte, wie sie das Haus ihrer Eltern vom Dachboden bis zum Keller durchwanderte, alle Möbel und Gegenstände, die sie vorfand, zerstückelte und zum Fenster hinauswarf, und allen Personen, die sie antraf, kurzerhand den Kopf abschlug. Solche Überwältigungen des Teufels waren dann immer wieder von Angst und Reue gefolgt. Aber das abgetrennte Böse hatte noch eine weitere, noch gefährlichere Art, sie zu durchdringen. Der „Teufel" liebte Kot und Schmutz; sie selbst fing allmählich an, eine besondere Ängstlichkeit im Einhalten von Reinlichkeitsvorschriften zu entwickeln. Für den Teufel war das Kopf abschlagen eine Lieblingsbeschäftigung; sie mußte zu gewissen Zeiten morgens zu den Betten der Geschwister schleichen, um nachzusehen, ob alle noch am Leben waren. Der Teufel überschritt jedes menschliche Gebot mit Energie und Vergnügen; sie aber entwickelte abends vor dem Einschlafen eine Erdbebenangst, da jemand ihr beigebracht hatte, das Erdbeben sei die wirksamste Form, wie der liebe Gott die Menschen auf der Erde zu bestrafen pflege. So machte ihr tägliches Leben alle Anstalten, sich mit Ersatz-, Reue- und Bußhandlungen für die Taten des abgetrennten Bösen zu erfüllen. Wir würden sagen: der großartig angelegte Versuch, sich die Liebe der Mutter zu erhalten, sozial und „brav" zu werden, war kläglich gescheitert; es war nichts daraus geworden als eine Zwangsneurose.

Ich habe aber auch diese infantile Neurose nicht wegen ihres schönen Aufbaues und der für dieses frühe Alter ungewöhnlich klaren Umgrenztheit der Symptome vorgetragen. Was mich bewogen hat, sie zu schildern, war ein besonderer Umstand, der mir während der therapeutischen Arbeit auffiel.

In dem eben geschilderten Fall des elfjährigen Knaben, war der Motor der Verdrängung die auf den Vater bezogene Kastrationsangst gewesen; natürlich war es auch die Kastrationsangst, die ich in der Analyse als Widerstand zu spüren bekam. Aber hier war etwas anders. Die Verdrängung oder vielmehr die Spaltung der kindlichen Persönlichkeit hatte sich unter dem Druck der Angst vor dem Liebesverlust vollzogen. Die Angst muß unserer Vorstellung nach sehr intensiv gewesen sein, um eine so das ganze Leben störende Wirkung zu haben. Aber gerade diese Angst war in der Analyse nicht ernsthaft als Widerstand zu spüren. Unter dem Eindruck meines gleichbleibenden freundlichen Interesses fing die kleine Patientin an, ihre bösen Seiten in aller Ruhe und in aller Naturtreue vor mir auszubreiten. Das ist nichts Auffälliges, wir treffen oft genug erwachsene Patienten, die ihre Symptome mit bösem Gewissen ängstlich vor aller Welt geheimhalten, und erst in der gesicherten und von Kritik freien Atmosphäre der Analyse beginnen, sie preiszugeben, ja oft selbst hier erst ihren wirklichen Wortlaut kennenlernen. Aber das bezieht sich doch immer nur auf die Schilderung der Symptome; das freundliche Interesse und das Ausbleiben der erwarteten Kritik reichen doch niemals dazu aus, Verwandlungen an ihnen vorzunehmen. Gerade das aber war es, was sich hier vollzog. Als zu meinem Interesse und dem Mangel an Verurteilung von meiner Seite auch noch eine Herabsetzung der strengen Anforderungen im Elternhause dazutrat, da geschah es, daß sich unter den Augen der Analyse plötzlich eine Angst in den dahinter versteckten Wunsch, eine Reaktionsbildung in den abgewehrten Trieb, eine Vorsicht in die dahinter liegende Morddrohung verwandelte. Die Angst vor dem Liebesverlust aber, die sich doch in starken Ausbrüchen einer solchen Umstellung entgegensetzen sollte, meldete sich fast gar nicht. Der Widerstand von dieser Seite war geringer als der von irgendeiner anderen. Es war, als ob das kleine Mädchen sagen würde: „Wenn du es nicht so arg findest, dann finde ich es auch nicht so arg." Und in dieser Verminderung ihrer Forderungen an sich selbst vollzog sie mit dem Gang der Analyse fortschreitend allmählich wieder die Einverleibung all der Strebungen, die sie vorher mit solchem Kraftaufwand von sich gewiesen hatte: die inzestuöse Liebe zum Vater, den Männlichkeitswunsch, die Todeswünsche gegen die Geschwister, die Anerkennung ihrer kindlichen Sexualität, und stockte nur mit dem einzig ernsthaften Widerstand eine Weile vor dem, was ihr als das Böseste von allem erschien, der Anerkennung des direkten Todeswunsches gegen die Mutter.

Das aber ist nicht das Benehmen, das wir von einem regelrechten Über-Ich zu sehen gewohnt sind. Wir lernen doch am erwachsenen Neurotiker, wie unangreifbar durch die Vernunft das Über-Ich ist, wie es sich jedem Versuch der Beeinflussung von außen standhaft widersetzt und wie es sich in seinen Forderungen nicht herabmindern läßt, ehe wir es nicht in der Analyse historisch zersetzt und jedes einzelne Gebot und Verbot auf die Identifizierung mit einer der in der Kindheit wichtigen und geliebten Personen zurückgeführt haben.

Ich meine, wir sind hier auf den wichtigsten prinzipiellen Unterschied zwischen der Erwachsenenanalyse und der Kinderanalyse gestoßen. Wir befinden uns in der Situation der Erwachsenenanalyse, wo das Über-Ich seine von der Außenwelt unbeeinflußbare Selbständigkeit bereits erreicht hat. Hier haben wir nichts anderes zu tun, als alle dem Es, dem Ich und dem Über-Ich angehörigen Strebungen, die an der Bildung des neurotischen Konflikts beteiligt waren, durch Bewußtmachung auf das gleiche Niveau zu heben. Auf diesem neuen Niveau des Bewußten wird dann der Kampf in neuer Weise ausgetragen und zu einem anderen Ende geführt. Zur Kinderanalyse aber müssen wir alle jene Fälle rechnen, bei denen das Über-Ich noch keine rechte Selbständigkeit erlangt hat, noch allzu deutlich seinen Auftraggebern, den Eltern und Erziehungspersonen zuliebe arbeitet und in seinen Forderungen alle Schwankungen des Verhältnisses zu diesen geliebten Personen wie auch alle Veränderungen in deren eigenen Ansichten mitmacht. Auch hier arbeiten wir wie in der Erwachsenenanalyse rein analytisch, soweit es sich darum handelt, schon verdrängte Teile des Es und des Ich aus dem Unbewußten zu befreien. Die Arbeit am kindlichen Über-Ich aber ist eine doppelte: analytisch in der historischen Zerlegung von innen her, soweit das Über-Ich schon Selbständigkeit erlangt hat, aber außerdem erzieherisch beeinflussend von außen her durch Veränderungen im Verhältnis zu den Erzieherpersonen, durch die Schaffung neuer Eindrücke und durch die Revision der Anforderungen, die von der Außenwelt an das Kind gestellt werden.

Kehren wir hier noch einmal zu meiner kleinen Patientin zurück. Wäre sie nicht als sechsjähriges Kind in Behandlung gekommen, dann wäre ihre infantile Neurose vielleicht wie so viele andere in eine Spontanheilung ausgelaufen. Als ihr Erbe hätte sich dann allerdings ein strenges Über-Ich aufgerichtet, das dem Ich starre Forderungen präsentiert und sich jeder späteren Analyse als schwer überwindlicher Widerstand entgegengesetzt hätte. Aber ich meine: dieses strenge Über-Ich steht am Ausgang und nicht am Anfang der kindlichen Neurose.

Ich beziehe mich zur Erläuterung des hier Gesagten noch auf eine Mitteilung, die Dr. *M. W. Wulff* gerade gleichzeitig in unserer Zeitschrift macht.[2] Er berichtet dort über phobische Angstanfälle bei einem eineinhalbjährigen Mädchen. Die Eltern dieses Kindes waren offenbar zu früh mit Reinlichkeitsanforderungen an es herangetreten. Die Kleine konnte diesen Ansprüchen nicht nachkommen, begann verstört zu werden, und fürchtete sich, man könnte sie fortschicken. Ihre Angst steigerte sich zu Anfällen, wenn es dunkel wurde, bei fremden Geräuschen, z. B. wenn jemand an die Tür klopfte. Sie wiederholte immer wieder die Frage, ob sie auch gut sei, und die Bitte, man solle sie doch nicht weggeben. Die besorgten Eltern wendeten sich an Dr. *Wulff* um Rat.

Ich meine, das Interessante an dieser frühen Krankheitserscheinung ist, daß die Angst der Kleinen, die Dr. *Wulff* auch sofort als Angst vor dem Liebesverlust bezeichnet, sich in nichts von der Gewissensangst eines erwachsenen Neurotikers unterscheidet. Sollen wir aber in diesem Falle an eine so frühe Entwicklung des Gewissens, also des Ober-Ichs, glauben?

Dr. *Wulff* erklärt den Eltern, daß das kleine Mädchen offenbar die Anforderung der Reinlichkeit aus irgendeinem Grund noch nicht vertragen kann, und rät ihnen, die Erziehung in dieser Hinsicht noch etwas aufzuschieben. Die Eltern sind verständig genug, nachzugeben, sie setzen dem Kinde auseinander, daß sie es auch lieb behalten, wenn es sich naß macht, und versuchen es, so oft das Nässen vorkommt, immer wieder mit Liebesversicherungen zu beruhigen. Der Erfolg ist, wie Dr. *Wulff* schreibt, frappant; nach einigen Tagen ist das Kind ruhig und angstfrei.

Eine solche Therapie ist natürlich nur sehr selten und nur bei sehr kleinen Kindern möglich; ich möchte nicht den Eindruck bei Ihnen erwecken, daß ich sie als die einzig mögliche empfehle. Aber Dr. *Wulff* hat hier die therapeutische Probe gemacht, die einzige, die uns Aufschluß über das Kräftespiel geben kann, das der Angst zugrunde liegt. Wäre das Kind wirklich an einer strengen Forderung des Ober-Ichs erkrankt gewesen, so hätten die Versicherungen der Eltern ja gar keinen Einfluß auf sein Symptom haben können. Wenn aber die Ursache seiner Angst die reale Furcht vor dem Mißfallen der wirklich in der Außenwelt vorhandenen Eltern – nicht ihrer Imagines – war, dann ist es leicht verständlich, daß sich seine Krankheit beseitigen ließ. Dr. *Wulff* hatte eben ihre Ursache aus der Welt geschafft.

Eine ganze Anzahl anderer kindlicher Reaktionen läßt sich in gleicher Weise nur aus dieser Beeinflußbarkeit des Ober-Ichs in frühen Jahren erklären. Durch Vermittlung von Dr. *Ferenczi* erhielt ich Einblick in die Aufzeichnungen einer Lehrerin an einer der modernen Schulen Amerikas, der *Walden School.* Diese psychoanalytisch gebildete Lehrerin schildert, wie neurotische Kinder aus strengem Milieu, die noch im Kindergartenalter in ihre Schule eintreten, sich nach einer mehr oder weniger kurzen Zeit der erstaunten Zurückhaltung in die außerordentlich freie Atmosphäre einleben und allmählich ihre neurotischen Symptome, meist Reaktionen auf die Onanieabgewöhnung, verlieren. Wir wissen, ein ähnlicher Effekt wäre beim erwachsenen Neurotiker unmöglich. Je freier das Milieu ist, in das er sich versetzt fühlt, desto mehr steigert sich seine Angst vor dem Trieb und mit ihr seine neurotischen Abwehrreaktionen, seine Symptome. Die Forderungen, die sein Ober-Ich an ihn stellt, sind durch das ihn umgebende Milieu nicht mehr beeinflußbar. Das Kind dagegen, das einmal mit der Herabminderung seiner Forderungen anfängt, ist viel eher geneigt, darin sehr weit zu gehen, sich mehr zu erlauben, als sogar die freieste Umwelt ihm zu gestatten bereit ist. Auch in diesem Punkt kann es dann die Beeinflussung von außen nicht entbehren.

Und nun zum Schluß noch ein sehr harmloses Beispiel. Ich hatte vor kurzem Gelegenheit, das Gespräch eines fünfjährigen Jungen mit seiner Mutter zu belauschen. Dem Kleinen war es eingefallen, sich ein lebendiges Pferd zu wünschen; die Mutter sträubte sich aus guten Gründen, ihm diesen Wunsch zu erfüllen. „Es macht nichts", sagte er darauf, gar nicht niedergeschlagen. „Dann wünsche ich es mir eben zum nächsten Geburtstag." Die Mutter versichert, auch da werde er es nicht bekommen. „Dann wünsche ich es mir zu Weihnachten", meint er, „da bekommt man doch alles" Nein, nicht einmal zu Weihnachten, versucht die Mutter ihn zu enttäuschen. Er denkt einen Augenblick nach. „Und es macht doch nichts", sagt er dann triumphierend. „Dann kaufe ich es mir eben selbst. *Denn ich erlaube es* mir." Man sieht schon, zwischen dieser inneren Erlaubnis und dem von außen aufgezwungenen Verbot entsteht der Konflikt, der dann alle möglichen Ausgänge nehmen kann: In Auflehnung und Dissozialität, in Neurose, glücklicherweise auch häufig in Gesundheit.

Jetzt aber noch ein Wort über die pädagogische Einstellung des Kinderanalytikers. Wenn wir erkannt haben, daß die Mächte, mit denen wir bei der Heilung der kindlichen Neurose zu kämpfen haben, nicht nur innere sind, sondern zum Teil auch äußere, dann haben wir auch ein Recht zu fordern, daß der Kinderanalytiker die äußere Situation, in der das Kind steht, richtig einzuschätzen versteht, ebenso wie wir verlangen, daß er die innere Situation des Kindes zu erfassen vermag. Für diesen Teil seiner Aufgabe aber braucht der Kinderanalytiker theoretische und praktische pädagogische Kenntnisse. Sie ermöglichen es ihm, die Erziehungseinflüsse, unter denen das Kind steht, zu durchschauen, zu kritisieren und – wenn es sich als notwendig erweist – den Erziehern des Kindes für die Dauer der Analyse ihre Arbeit aus der Hand zu nehmen, um sie selbst zu verrichten.

[2] Internationale Zeitschrift für Psychoanlayse, Band XIII, Heft 3 (1927).